国家出版基金项目
NATIONAL PUBLICATION FOUNDATION

中宣部2022年主题出版重点出版物

“十四五”国家重点图书出版规划项目

纪录小康工程

全面建成小康社会

福建影像记

FUJIAN YINGXIANGJI

本书编写组 编

海峡出版发行集团 THE STRAITS PUBLISHING & DISTRIBUTING GROUP | 福建人民出版社 FUJIAN PEOPLE'S PUBLISHING HOUSE

责任编辑：林俊杰
特约编辑：夏秋月
封面设计：石笑梦　白　玫
版式设计：白　玫

图书在版编目（CIP）数据

全面建成小康社会福建影像记 / 本书编写组编 . -- 福州：福建人民出版社，2022.10
（“纪录小康工程”地方丛书）
ISBN 978-7-211-08894-2
I. ①全…　II. ①本…　III. ①小康建设 – 成就 – 福建 – 摄影集　IV. ① F127.57-64
中国版本图书馆 CIP 数据核字（2022）第 111501 号

（书中个别照片作者联系不上，稿费请与出版社联系）

全面建成小康社会福建影像记
QUANMIAN JIANCHENG XIAOKANG SHEHUI FUJIAN YINGXIANGJI

本书编写组

福建人民出版社出版发行
福州德安彩色印刷有限公司印刷
福建新华发行（集团）有限责任公司经销
2022 年 10 月第 1 版　2022 年 10 月福州第 1 次印刷
开本：710 毫米 × 1000 毫米 1/16　印张：19.25
字数：231 千字

ISBN 978-7-211-08894-2　定价：67.00 元

邮购地址 350001　福州市东水路 76 号
电话：0591-87604366（发行部）

总 序

为民族复兴修史　为伟大时代立传

小康，是中华民族孜孜以求的梦想和夙愿。千百年来，中国人民一直对小康怀有割舍不断的情愫，祖祖辈辈为过上幸福美好生活劳苦奋斗。“民亦劳止，汔可小康”“久困于穷，冀以小康”“安得广厦千万间，大庇天下寒士俱欢颜”……都寄托着中国人民对小康社会的恒久期盼。然而，这些朴素而美好的愿望在历史上却从来没有变成现实。中国共产党自成立那天起，就把为中国人民谋幸福、为中华民族谋复兴作为初心使命，团结带领亿万中国人民拼搏奋斗，为过上幸福生活胼手胝足、砥砺前行。夺取新民主主义革命伟大胜利，完成社会主义革命和推进社会主义建设，进行改革开放和社会主义现代化建设，开创中国特色社会主义新时代，经过百年不懈奋斗，无数中国人摆脱贫困，过上衣食无忧的好日子。

特别是党的十八大以来，以习近平同志为核心的党中央统揽中华民族伟大复兴战略全局和世界百年未有之大变局，团结带领全党全国各族人民统筹推进“五位一体”总体布局、协调推进“四个全面”战略布局，万众一心战贫困、促改革、抗疫情、谋发展，党和国家事业取得历史性成就、发生历史性变革。在庆祝中国共产党成立100周年大会上，习近平总书记庄严宣告：“经过全党全国各族人民持续奋斗，我们实现了第一个百年奋斗目标，在中华大地上全面建成了小康社会，历史性地解决了绝对贫困问题，正在意气风发向着全面建成社会主义现代化强国的第二个百年奋斗目标迈进。”

这是中华民族、中国人民、中国共产党的伟大光荣！这是百姓的福祉、国家的进步、民族的骄傲！

全面小康，让梦想的阳光照进现实、照亮生活。从推翻“三座大山”到“人民当家作主”，从“小康之家”到“小康社会”，从“总体小康”到“全面小康”，从“全面建设”到“全面建成”，中国人民牢牢把命运掌握在自己手上，人民群众的生活越来越红火。“人民对美好生活的向往，就是我们的奋斗目标。”在习近平总书记坚强领导、亲自指挥下，我国脱贫攻坚取得重大历史性成就，现行标准下9899万农村贫困人口全部脱贫，建成世界上规模最大的社会保障体系，居民人均预期寿命提高到78.2岁，人民精神文化生活极大丰富，生态环境得到明显改善，公平正义的阳光普照大地。今天的中国人民，生活殷实、安居乐业，获得感、幸福感、安全感显著增强，道路自信、理论自信、制度自信、文化自信更加坚定，对创造更加美好的生活充满信心。

全面小康，让社会主义中国焕发出蓬勃生机活力。经过长期努力特别是党的十八大以来伟大实践，我国经济实力、科技实力、国防实力、综合国力跃上新的大台阶，成为世界第二大经济体、第一大工业国、第一大货物贸易国、第一大外汇储备国，国内生产总值从 1952 年的 679 亿元跃升至 2021 年的 114 万亿元，人均国内生产总值从 1952 年的几十美元跃升至 2021 年的超过 1.2 万美元。把握新发展阶段、贯彻新发展理念、构建新发展格局、推动高质量发展，全面建设社会主义现代化国家，我们的物质基础、制度基础更加坚实、更加牢靠。全面建成小康社会的伟大成就充分说明，在中华大地上生气勃勃的创造性的社会主义实践造福了人民、改变了中国、影响了时代，世界范围内社会主义和资本主义两种社会制度的历史演进及其较量发生了有利于社会主义的重大转变，社会主义制度优势得到极大彰显，中国特色社会主义道路越走越宽广。

全面小康，让中华民族自信自强屹立于世界民族之林。中华民族有五千多年的文明历史，创造了灿烂的中华文明，为人类文明进步作出了卓越贡献。近代以来，中华民族遭受的苦难之重、付出的牺牲之大，世所罕见。中国共产党带领中国人民从沉沦中觉醒、从灾难中奋起，前赴后继、百折不挠，战胜各种艰难险阻，取得一个个伟大胜利，创造一个个发展奇迹，用鲜血和汗水书写了中华民族几千年历史上最恢宏的史诗。全面建成小康社会，见证了中华民族强大的创造力、坚韧力、爆发力，见证了中华民族自信自强、守正创新精神气质的锻造与激扬，实现中华民族伟大复兴有了更为主动的精神力量，进入不可逆转的历史进程。今天，我们比历史上任何时期都更接近、更有信心和能力实现中华民族伟大复兴的目标，中国人民的志气、骨气、底气极大增强，奋进新征程、建功新时代有着前所未有的历史主动精神、历史创造精神。

全面小康，在人类社会发展史上写就了不可磨灭的光辉篇章。中华民族素有和合共生、兼济天下的价值追求，中国共产党立志于为人类谋进步、为世界谋大同。中国的发展，使世界五分之一的人口整体摆脱贫困，提前十年实现联合国 2030 年可持续发展议程确定的目标，谱写了彪炳世界发展史的减贫奇迹，创造了中国式现代化道路与人类文明新形态。这份光荣的胜利，属于中国，也属于世界。事实雄辩地证明，人类通往美好生活的道路不止一条，各国实现现代化的道路不止一条。全面建成小康社会的中国，始终站在历史正确的一边，站在人类进步的一边，国际影响力、感召力、塑造力显著提升，负责任大国形象充分彰显，以更加开放包容的姿态拥抱世界，必将为推动构建人类命运共同体、弘扬全人类共同价值、建设更加美好的世界作出新的更大贡献。

回望全面建成小康社会的历史，伟大历程何其艰苦卓绝，伟大胜利何其光辉炳耀，伟大精神何其气壮山河！

这是中华民族发展史上矗立起的又一座历史丰碑、精神丰碑！这座丰碑，凝结着中国共产党人矢志不渝的坚持坚守、博大深沉的情怀胸襟，辉映着科学理论的思想穿透力、时代引领力、实践推动力，镌刻着中国人民的奋发奋斗、牺牲奉献，彰显着中国特色社会主义制度的强大生命力、显著优越性。

因为感动，所以纪录；因为壮丽，所以丰厚。恢宏的历史伟业，必将留下深沉的历史印记，竖起闪耀的历史地标。

中央宣传部牵头，中央有关部门和宣传文化单位，省、市、县各级宣传部门共同参与组织实施“纪录小康工程”，以为民族复兴修史、为伟大时代立传为宗旨，以“存史资政、教化育人”为目的，形成了数据库、大事记、系列丛书和主题纪录片 4 方面主要成果。目前已建成内容全面、分类有序的 4 级数据库，编纂完成各级各类全面小康、脱贫攻坚大事记，出版“纪录小康工程”丛书，摄制完成纪录片《纪录小康》。

“纪录小康工程”丛书包括中央系列和地方系列。中央系列分为“擘画领航”“经天纬地”“航海梯山”“踔厉奋发”“彪炳史册”5 个主题，由中央有关部门精选内容组织编撰；地方系列分为“全景录”“大事记”“变迁志”“奋斗者”“影像记”5 个板块，由各省（区、市）和新疆生产建设兵团结合各地实际情况推出主题图书。丛书忠实纪录习近平总书记的小康情怀、扶贫足迹，反映党中央关于全面建成小康社会重大决策、重大部署的历史过程，展现通过不懈奋斗取得全面建成小康社会伟大胜利的光辉历程，讲述在决战脱贫攻坚、决胜全面小康进程中涌现的先进个人、先进集体和典型事迹，揭示辉煌成就和历史巨变背后的制度优势和经验启示。这是对全面建成小康社会伟大成就的历史巡礼，是对中国共产党和中国人民奋斗精神的深情礼赞。

历史昭示未来，明天更加美好。全面建成小康社会，带给中国人民的是温暖、是力量、是坚定、是信心。让我们时时回望小康历程，深入学习贯彻习近平新时代中国特色社会主义思想，深刻理解中国共产党为什么能、马克思主义为什么行、中国特色社会主义为什么好，深刻把握“两个确立”的决定性意义，增强“四个意识”、坚定“四个自信”、做到“两个维护”，以坚如磐石的定力、敢打必胜的信念，集中精力办好自己的事情，向着实现第二个百年奋斗目标、创造中国人民更加幸福美好生活勇毅前行。

目　　录

序　篇 …… 1
经济篇 …… 6
一、改革开放 …… 8
厦门经济特区建设 …… 8
“松绑”放权敢为先 …… 14
承包荒山第一人 …… 18
渔业改革第一村 …… 20
从晋江模式到晋江经验 …… 22
非公有制经济发展壮大 …… 26
大念“山海经” …… 28
引进外资促发展 …… 32
闽台经贸合作 …… 34
中国国际投资贸易洽谈会 …… 38
金砖国家领导人厦门会晤 …… 40
数字中国建设峰会 …… 42
二、产业经济 …… 46
特色现代农业提质增效 …… 46

先进制造业高质量发展……50
现代服务业提速发展……52
三、区域经济……54
“3820”战略工程……54
平潭综合实验区开放开发……58
中国（福建）自由贸易试验区……60
共建海上丝绸之路……62
福州新区扬帆启航……64
福厦泉国家自主创新示范区……66
厦门国家火炬高新区……68
县域经济的“排头兵”……70
四、创新驱动……74
基础研究打造新平台……74
技术创新提升核心竞争力……78
现代经济体系奏响“四重奏”……80

民生篇……90
一、基础设施……92
万门程控电话引领全国通信业跨越发展……92
告别“纸褙福州城”……94
泉厦高速公路：福建省第一条高速公路……96
平潭海峡公铁两用大桥……98

环闽高铁：赏遍八闽风光……100
城市交通：出门有路，抬脚上车……102
铸就世界强港……104
国网福建电力光耀八闽……106
二、为民服务……108
四下基层……108
马上就办　真抓实干……110
互联网+政务服务……112
全国首个“110”报警服务台……114
全国首个消费者投诉服务台……116
三明医改探索……118
医患纠纷的“南平解法”……120
“菜篮子”工程……122
筑守“舌尖上的安全”……124
全力抗击新冠肺炎疫情……126
三、脱贫攻坚……128
下党乡的精准扶贫……128
奔向小康的“中国扶贫第一村”……130
造福工程……132
连家船民上岸……134
茅草屋改造……136
南平机制……138

闽宁协作 …… 140
四、侨台情缘 …… 142
闽台通邮通电 …… 142
两岸关系“破冰” …… 144
金门协议 …… 146
两岸“三通”核心通道作用 …… 148
海峡论坛搭建两岸民间交流新平台 …… 150
两岸一家亲，共饮一江水 …… 152
台胞台企登陆的第一家园 …… 154
华侨情永传扬 …… 156
闽商力量创造新辉煌 …… 158
文化篇 …… 160
一、传承保护 …… 162
世界记忆遗产：侨批档案 …… 162
八闽世遗　璀璨夺目 …… 166
多彩非遗　匠心传承 …… 170
三坊七巷·福州历史文化名城 …… 174
“南方周口店”：万寿岩遗址 …… 176
保护革命文物　传承红色基因 …… 178
二、文化交流 …… 182
鼓岭故事：中美民间交流典范 …… 182

福州与塔科马的林肯往事……184
“五洲客家音，四海桑梓情”——世界客属盛事……186
第44届世界遗产大会……188
海上丝绸之路国际艺术节……190
福建文化宝岛行……192
“匠心意蕴”闽台文创周……194
福建文化海外驿站……196
“乡愁园”：从一首诗开始的乡村振兴……198
三、文教惠民……200
艺术精品硕果累累……200
文化设施日益完善……204
文教事业蓬勃发展……208
文体活动精彩纷呈……212
四、人文精神……216
闽东之光……216
弘扬林则徐精神……220
传扬严复思想……222
陈嘉庚：“华侨旗帜、民族光辉”……224
谷文昌：百姓心中不朽的丰碑……226
廖俊波：人民的“樵夫”……228
新时期精神文明建设从三明开始……230

生态篇 …… 232
一、机制创新 …… 234
林改春风暖人心 …… 234
林票加碳票　画好“山水画” …… 236
“家庭林场”促发展 …… 238
创新“河长制”　水秀润八闽 …… 240
打造生态综合执法铁军 …… 242
生态司法守护绿水青山 …… 244
绿色金融撬动绿色发展 …… 246
二、环境治理 …… 248
木兰溪生态文明样本 …… 248
筼筜湖变身“城市会客厅” …… 250
福州内河的华丽转身 …… 252
厦门五缘湾变形记 …… 254
海上环卫守护蔚蓝海洋 …… 256
菌草技术：为“生态梦”而生 …… 258
永泰打造农村人居“幸福地” …… 260
福州红庙岭为“森林式产业园”代言 …… 262
三、开发保护 …… 264
水土流失治理的“长汀模式” …… 264
国家公园的武夷山样本 …… 266
闽江河口湿地蜕变新生 …… 268

宁德奏响“海上田园”新乐章…………270
紫金山打造矿山绿色梦…………272
连江建设“智慧海洋”…………274
龙岩走生态扶贫新路子…………276
“森林生态银行”盘活“绿色不动产”…………278
四、绿色发展…………280
厦门垃圾分类创新路…………280
无废城市 水美光泽…………282
燕子窠绿色发展伴茶香…………284
闽东乡村振兴绘新卷…………286
高山两村的幸福嬗变…………288
人与自然和谐共生…………290
后 记…………292

序　篇

1949年10月，中华人民共和国成立。在党中央和福建省委领导下，福建完成了对农业、手工业和资本主义工商业的社会主义改造，开启了社会主义新福建的建设，取得巨大成绩。全省提前一年完成第一个五年计划的各项指标，鹰厦铁路的开通、古田溪水电站的建设、新兴三明工业城的崛起为全省工业化打下基础。

福建的经济建设、城市建设以及教科文卫体等各方面较之新中国成立前取得了巨大的进步。1978年，福建省地区生产总值为66.37亿元，人均地区生产总值为273元，经济总量位居全国第22位。

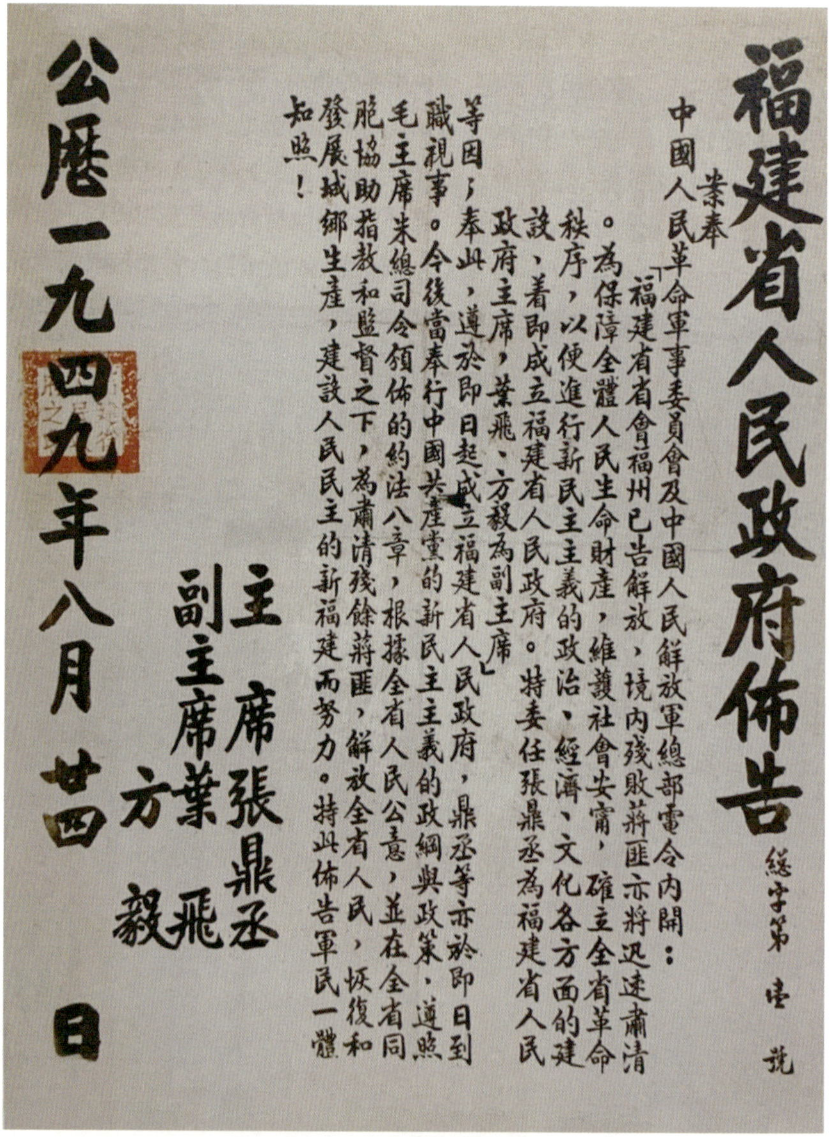

福建省人民政府佈告

總字第壹號

業奉中國人民革命軍事委員會及中國人民解放軍總部電令內開：

「福建省省會福州已告解放，境內殘敗蔣匪亦將迅速肅清。為保障全體人民生命財產，維護社會安甯，確立全省革命秩序，以便進行新民主主義的政治、經濟、文化各方面的建設，着即成立福建省人民政府。特委任張鼎丞為福建省人民政府主席，葉飛、方毅為副主席」

等因；奉此，遵於即日起成立福建省人民政府，鼎丞等亦於即日到職視事。今後當奉行中國共產黨的新民主主義的政綱與政策，遵照毛主席朱總司令頒佈的約法八章，根據全省人民公意，並在全省同胞協助指教和監督之下，為肅清殘餘蔣匪，解放全省人民，恢復和發展城鄉生產，建設人民民主的新福建而努力。特此佈告軍民一體知照！

主席 張鼎丞

副主席 葉飛 方毅

公歷一九四九年八月廿四日

1949年8月24日，福州解放后第七天，福建省人民政府发布总字第一号布告，宣告福建省人民政府成立。

1956年3月建成发电的古田溪水电站，是新中国最早兴建的大型梯级水电站之一。

1957年，鹰厦铁路全线竣工通车。

兴建于1958年的三明钢铁厂。

1958年5月建成的南平造纸厂，是福建第一座大型造纸厂，也是20世纪50年代全国最大的造纸厂。

1954年建成的厦门大学建南楼群，成了厦大的标志性建筑，也使厦门大学成为全国最美的大学之一。

1953年8月，福建游泳运动员吴传玉（中）在布加勒斯特举行的第一届国际青年友谊运动会上获得100米仰泳冠军，为中国在国际体坛上夺得第一枚金牌。

1959年10月，福建省歌舞团赴中南海参加国庆十周年献礼，演出民间舞蹈《走雨》。

1978年9月，中共福建省委召开福建省科学大会，号召全省各级党组织和全省人民动员起来，尽快把福建的科技事业搞上去。

1978年底，党的十一届三中全会开启了改革开放和社会主义现代化建设新时期。图为福州市各界群众欢歌载舞，热烈庆祝党的十一届三中全会召开。

福建日報

FUJIAN RIBAO

《总理为人民，人民爱总理》摄影展览在北京展出

全国侨务会议、第二次全国归侨代表大会

党中央、国务院向大会致词，廖承志同志作

华国锋和叶剑英同志为大会题词，李先念

贯彻全会精神 转移工作重点 实现首季开门红

省革委会召开电话会议，要求抓紧抓好明年第一季度工业生产

1978年12月，福建省学习贯彻党的十一届三中全会精神，推进各项改革。

经济篇

从昔日的“对台前线”，到今天的“开放前沿”；从产业基础薄弱，到加快建设现代化经济体系，做大做强做优数字经济、海洋经济、绿色经济、文旅经济；从无油无气少煤的能源储备“小省”，到水电、核电、风电等清洁能源装机比重达55.5%的清洁能源“大省”，福建经济持续激发新动能，焕发新活力。

党的十八大以来，在习近平总书记擘画的“机制活、产业优、百姓富、生态美”新福建的宏伟蓝图指引下，福建省委、省政府坚定践行新发展理念，加快推进高质量发展。经济实力跃上新台阶，全省地区生产总值接连跃上3万亿元、4万亿元台阶，2021年达4.88万亿元。从1978年的全国第22位跃居全国前十。2021年人均地区生产总值达116939元，是全国平均水平的1.4倍，居全国第4位。

改革开放

习近平总书记在2018年新年贺词中提出殷切期望："改革开放是当代中国发展进步的必由之路，是实现中国梦的必由之路。我们要以庆祝改革开放40周年为契机，逢山开路，遇水架桥，将改革进行到底。"

作为最早实行改革开放的省份之一，福建早已将"改革开放"的因子融入血脉中。从海防前线跨越到开放前沿，八闽儿女以爱拼敢赢的豪气，创造一个又一个辉煌成就。厦门经济特区奋力崛起，迅速发展成为中国对外开放的重要窗口和试验田；55位厂长经理呼吁"松绑放权"，成为影响中国国企改革的标志性事件；"晋江经验"等一批典型经验享誉全国；金砖国家领导人会晤登陆厦门；数字中国建设峰会亮相福州……

厦门经济特区建设

1980年5月16日，中共中央、国务院决定，在厦门市划出一定范围的区域试办经济特区。10月7日，国务院批复同意在厦门岛西北部的湖里地区划出2.5平方公里的土地设置厦门经济特区。1985年，厦门经济特区扩大到全岛。厦门经济特区发挥改革"试验田"和开放"窗口"的作用，率先建立经济特区金融体系，率先借外债搞基础设施建设，率先成立外汇调剂中心，率先组建金融同业公会；成立了全国第一家中外合资银行——厦门国际银行，诞生我国第一家台资经营、企业化运作的航空公司——厦门航空；积极有效为改革开放和现代化事业探路，基本建立社会主义市场经济体制，率先实现全方位对外开放格局。

作为经济特区，厦门永葆"闯"的精神、"创"的劲头、"干"的作风，以创新为引领推动经济发展高素质，全面深化改革扩大开放，充分发挥区位优势和政策叠加优势，加快打造服务国内国际双循环的枢纽节点，朝着"高素质、高颜值"的现代化国际化城市迈进。

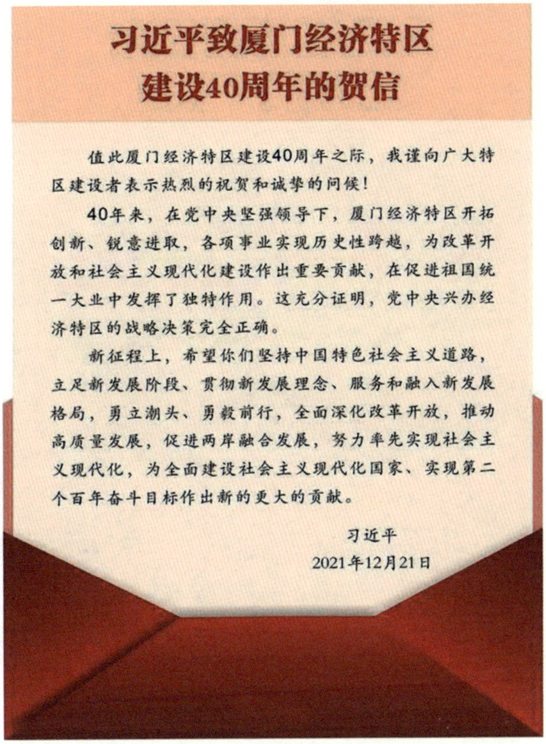

习近平致厦门经济特区建设40周年的贺信

值此厦门经济特区建设40周年之际，我谨向广大特区建设者表示热烈的祝贺和诚挚的问候！

40年来，在党中央坚强领导下，厦门经济特区开拓创新、锐意进取，各项事业实现历史性跨越，为改革开放和社会主义现代化建设作出重要贡献，在促进祖国统一大业中发挥了独特作用。这充分证明，党中央兴办经济特区的战略决策完全正确。

新征程上，希望你们坚持中国特色社会主义道路，立足新发展阶段、贯彻新发展理念、服务和融入新发展格局，勇立潮头、勇毅前行，全面深化改革开放，推动高质量发展，促进两岸融合发展，努力率先实现社会主义现代化，为全面建设社会主义现代化国家、实现第二个百年奋斗目标作出新的更大的贡献。

习近平

2021年12月21日

2021年，习近平总书记致厦门经济特区建设40周年的贺信。

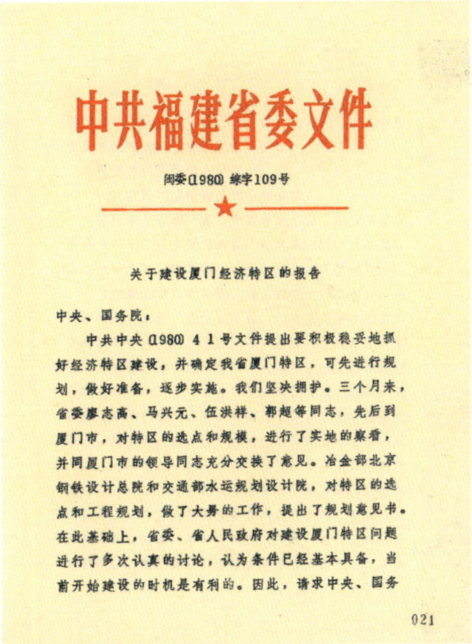

中共福建省委文件

闽委(1980)综字109号

关于建设厦门经济特区的报告

中央、国务院：

中共中央(1980)41号文件提出要积极稳妥地抓好经济特区建设，并确定我省厦门特区，可先进行规划，做好准备，逐步实施。我们坚决拥护。三个月来，省委廖志高、马兴元、伍洪祥、郭超等同志，先后到厦门市，对特区的选点和规模，进行了实地的察看，并同厦门市的领导同志充分交换了意见。冶金部北京钢铁设计总院和交通部水运规划设计院，对特区的选点和工程规划，做了大量的工作，提出了规划意见书。在此基础上，省委、省人民政府对建设厦门特区问题进行了多次认真的讨论，认为条件已经基本具备，当前开始建设的时机是有利的。因此，请求中央、国务

021

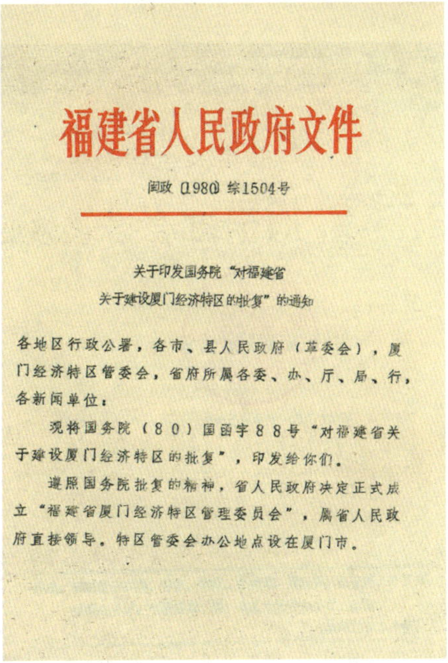

福建省人民政府文件

闽政(1980)综1504号

关于印发国务院“对福建省关于建设厦门经济特区的批复”的通知

各地区行政公署，各市、县人民政府（革委会），厦门经济特区管委会，省府所属各委、办、厅、局、行，各新闻单位：

现将国务院（80）国函字88号“对福建省关于建设厦门经济特区的批复”，印发给你们。

遵照国务院批复的精神，省人民政府决定正式成立“福建省厦门经济特区管理委员会”，属省人民政府直接领导。特区管委会办公地点设在厦门市。

1980年，中共福建省委《关于建设厦门经济特区的报告》和福建省人民政府《关于印发国务院“对福建省关于建设厦门经济特区的批复”的通知》。

1981年10月，湖里加工区第一期工程破土动工，厦门经济特区建设拉开序幕。

习近平同志担任厦门市委常委、副市长期间主持编制的《1985年—2000年厦门经济社会发展战略》。这是中国地方政府最早编制的一个纵跨十五年的经济社会发展战略规划。

厦门机场是中国第一个由地方自筹资金建设的机场，也是中国首个完全利用国外贷款进行建设的机场。机场从动工兴建至正式通航，仅用时一年零九个月，被称为“机场速度”“厦门速度”。上图为1983年10月22日，厦门机场正式通航，首辟厦门至香港航线。下图为现在的厦门机场。

20世纪80年代，厦门建立全国第一个劳动力市场，率先进行社会主义市场经济的一系列创新实践。

1985年11月28日，经中国人民银行批准，中国第一家中外合资银行——厦门国际银行正式开业。上图为20世纪80年代的厦门国际银行大楼，下图为现在的厦门国际银行大厦。

以港立市是厦门经济特区最重要的发展战略之一。图为厦门海沧保税区码头。

1984年的厦门。

2021年的厦门。

“松绑”放权敢为先

1984 年 10 月，党的十二届三中全会通过《中共中央关于经济体制改革的决定》后，福建开始以更大的步伐推进以城市为重点的经济体制改革。1984 年 3 月 22 日，在福州参加福建省厂长（经理）研究会成立大会的全省国营骨干企业 55 位厂长、经理，联名向福建省委、省人民政府发出要求“松绑”“放权”的呼吁，请求省委、省政府下放企业内部的干部任免权、奖励基金支配使用权、试行厂长经理负责制等五项权力。次日，《福建日报》一版头条全文刊登《请给我们“松绑”》的呼吁信。随后，《人民日报》、《经济日报》、《红旗》、《工人日报》、新华社、中央电视台、中央人民广播电台等全国主要新闻媒体都加以转载和播发，在全国引起巨大反响。福建省人民政府专门颁发《关于改革国有企业人事管理制度的决定》等 7 个有关落实企业自主权的文件。“松绑”放权搞活了企业，调动了企业和职工的积极性。到 1984 年底，全省工业总产值首次突破百亿元大关，增长速度在全国排名从第 21 位跃居第 2 位。

在“松绑”放权呼吁 30 年之际，习近平总书记复信企业家们，他赞扬当年“松绑”放权呼吁信“成就了经济体制改革的一段佳话”，殷切希望企业家们继续发扬“敢为天下先、爱拼才会赢”的闯劲，为国家经济社会持续健康发展发挥更大作用。

中国共产党中央委员会

企业家同志们：

你们好！来信收悉。30年前，福建55位企业负责人大胆发出给企业“松绑”放权的呼吁，很快在全国上下形成共识，成就了经济体制改革的一段佳话，我对此印象犹深。如今你们作为多种所有制、多种类型的企业负责人，就贯彻党的十八届三中全会决定、加快企业改革发展提出建言倡议，很有意义。

当前，各级政府正在加快转变职能、大力简政放权，目的之一就是让市场更好发力，让企业创新创造源泉更加充分涌流，这是又一次重要的“松绑”放权，也是企业家更好发挥智慧力量的历史新机遇。希望你们和广大企业家一道，深刻领会、深入贯彻党的十八届三中全会精神，继续发扬“敢为天下先、爱拼才会赢”的闯劲，进一步解放思想，改革创新，敢于担当，勇于作为，不断做大做强，促进联合发展，实现互利共赢，为国家经济社会持续健康发展发挥更大作用。

祝大家事业有成！

2014年7月8日

2014年，在“松绑”放权呼吁30年之际，习近平总书记给福建企业家回信，殷切希望企业家们继续发扬“敢为天下先、爱拼才会赢”的精神。

1984年3月22日至24日，福建省厂长（经理）研究会成立大会在福州召开，会上诞生了推动国有企业改革的“松绑”呼吁信。图为福建55位厂长（经理）与福建省经委、省企业管理协会领导的珍贵合影。

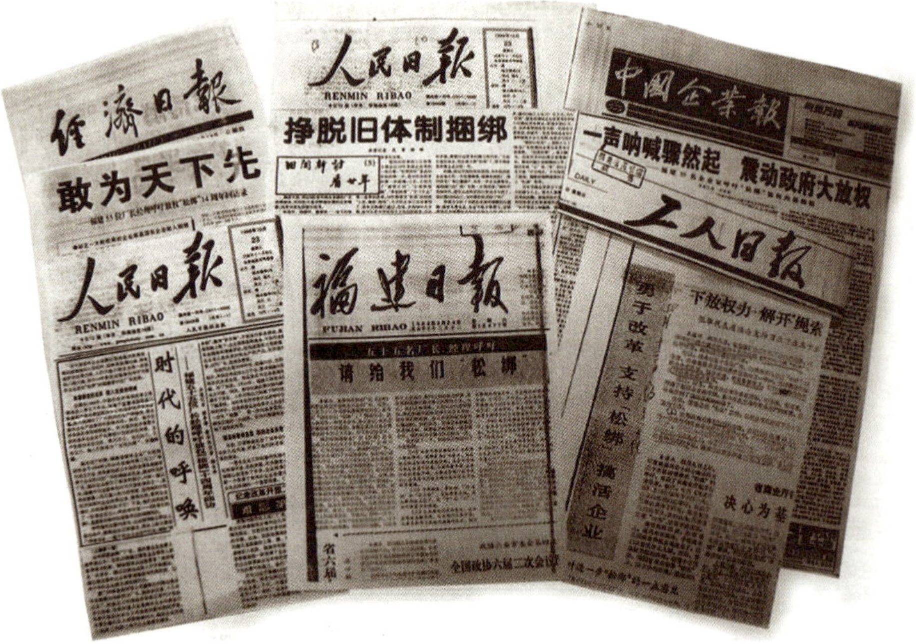

呼吁信发表后引起轰动，在全国产生巨大的影响，成为载入中国企业改革史的标志性事件。图为当年全国主要媒体纷纷转载、报道的版面。

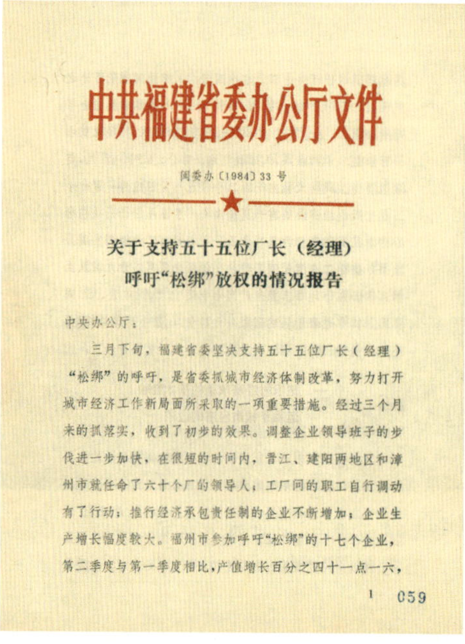

中共福建省委办公厅文件

闽委办〔1984〕33号

关于支持五十五位厂长（经理）
呼吁"松绑"放权的情况报告

中央办公厅：

三月下旬，福建省委坚决支持五十五位厂长（经理）"松绑"的呼吁，是省委抓城市经济体制改革，努力打开城市经济工作新局面所采取的一项重要措施。经过三个月来的抓落实，收到了初步的效果。调整企业领导班子的步伐进一步加快，在很短的时间内，晋江、建阳两地区和漳州市就任命了六十个厂的领导人；工厂间的职工自行调动有了行动；推行经济承包责任制的企业不断增加；企业生产增长幅度较大。福州市参加呼吁"松绑"的十七个企业，第二季度与第一季度相比，产值增长百分之四十一点一六，

1 059

以呼吁信为源头的改革浪潮，很快蔓延到全国，国有企业逐渐"松绑放权"，走上了以放权搞活、自主经营为开端的改革发展之路。图为1984年7月15日，中共福建省委办公厅《关于支持五十五位厂长（经理）呼吁"松绑"放权的情况报告》。

闽东电机厂将奖金与利润挂钩，该举措实施后，当年仅原材料一项节约数十万元。图为20世纪80年代，闽东电机厂代表在联邦德国罗赫电机公司参观学习。

1993年11月，福州东街口百货大楼股份有限公司在上海召开股票上市新闻发布会，成为福建第一家上市商业企业。

承包荒山第一人

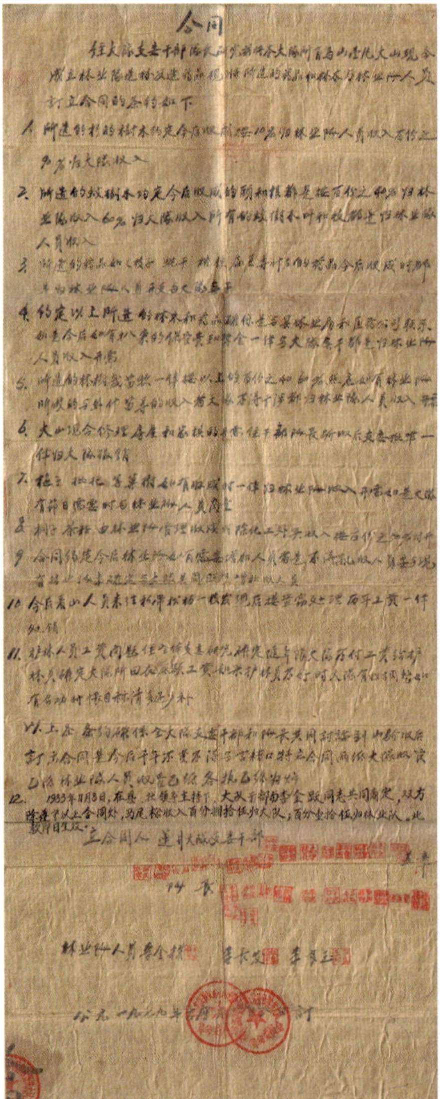
合同

12. 1983年11月3日，在县、社领导主持下，大队干部同李金耀同志共同商定，双方除遵守以上合同外，另定松脂收入百分捌拾伍归大队，百分壹拾伍归林业队。此款即日生效。

1979年，我国第一份“包山合同”在仙游县的小山村诞生。

1979 年 6 月，仙游县盖尾公社莲井大队农民李金耀与大队签订了承包 1200 亩荒山造林的合同，这是全国第一份承包荒山的合同，李金耀也成为承包荒山、创办家庭林场第一人。到 1981 年 9 月，李金耀在荒山上种植 37 万株杉木，7 万多株柠檬树，3000 多株柑橘、芒果、香蕉等果树，移植了 9 万株马尾松，在林地套种了 15 万多株杜仲、玫瑰茄等中药材。

李金耀女儿李美和接下父亲未竟的事业，把最宝贵的青春年华献给了大山。从一片荒芜到满目苍翠，父女两代接力四十余载，让山河披绿，让绿色的梦想绵绵传递。如今的马山已是层林叠翠、花果飘香。

李金耀向场员传授果树栽培技术。

2008年10月21日，李金耀的女儿李美和展示荒山承包合同。这份“千年不变”的合同写在一张牛皮纸上，共有12条，签名处公章私章足足盖了35个。

昔日水土流失严重的马山，如今已建成林丰水美的生态经济型林果基地，成为取之不竭的绿色银行。

20世纪80年代的连江县北茭渔村。

渔业改革第一村

20 世纪 80 年代，福建大力推行家庭联产承包责任制。与此同时，农业联产承包责任制迅速扩展到林业、牧业和渔业等各个领域。与安徽小岗村分田到户同一时期，1979 年连江北茭渔村实行渔船承包经营。连江北茭人组建了连江县第一支远洋捕捞队，成立了福建省远洋渔业第一家上市公司。最鼎盛时，全村有 32 对捕捞对拖船，70 多条定置网船，成为名噪一时的全省捕捞第一村。如今的北茭渔村从第一产业的捕捞业进入第三产业的“海上贸易业”，经营模式的变化，正是北茭村渔民解放思想、先人一步谋转型的结果。

现在的北茭渔村。

从晋江模式到晋江经验

晋江是福建省著名侨乡。20 世纪 80 年代初，得改革开放风气之先的晋江人，利用侨亲多、海外信息灵的优势，纷纷加入商品生产热潮。短短二三十年间，晋江就拥有中国驰名商标等国字号品牌 100 多项，成为中国著名的“品牌之都”和全国重要的制造业品牌基地之一，成就了“晋江制造”的金字招牌。20 世纪 90 年代，晋江民营企业加快建立现代企业制度，实施品牌战略，不断做大做强，涌现出恒安、安踏等一大批著名企业。1994 年起，晋江开始持续领跑福建县域经济，综合实力持续位居“全省第一”和“全国十强”，也是在这一年，“晋江模式”引发全国关注。

2002 年，时任福建省委副书记、省长习近平分别在《人民日报》《福建日报》发表署名文章指出，晋江经济之所以能够保持高速增长的发展态势，成为全省县域经济发展的“排头兵”，关键在于晋江的广大干部群众勇于开拓创新，大胆探索和走出一条被人们称之为“晋江模式”的独具特色的经济发展道路；要求全省学习借鉴“晋江经验”，加快县域经济发展；提出要在做大做强企业、着力提高企业竞争力，加快发展高新技术产业、不断优化产业结构等方面努力创新和发展“晋江经验”。自此，“晋江经验”开始引领民营企业“敢为天下先”，成为中国特色县域发展的奇迹。

晋江人利用侨乡闲散资金、房屋、劳力等“三闲”起步，以群众集资合股的新型合作经济形式创办企业，承接“三来一补”业务。图为20世纪80年代的晋江鞋服家庭作坊。

1993年4月，磁灶镇不少村民已翻新或盖起新楼房，成为晋江继陈埭之后的第二个亿元镇，造就了大批的农民“万元户”。

上图为20世纪90年代，石狮一服装企业在简单的厂房里举办时装表演。下图为2018年4月17日举办的石狮国际时装周开幕秀，这是第一次出现石狮品牌的联合秀，聚集了目前石狮服装最具代表性和影响力的品牌，覆盖商务男装、时尚潮装、女装、童装等多个领域。

1988年5月，苏联、美国等84个国家的驻京记者到晋江磁灶镇岭畔村采访。

1998年，恒安国际集团有限公司在香港联交所上市，成为晋江第一家上市企业。

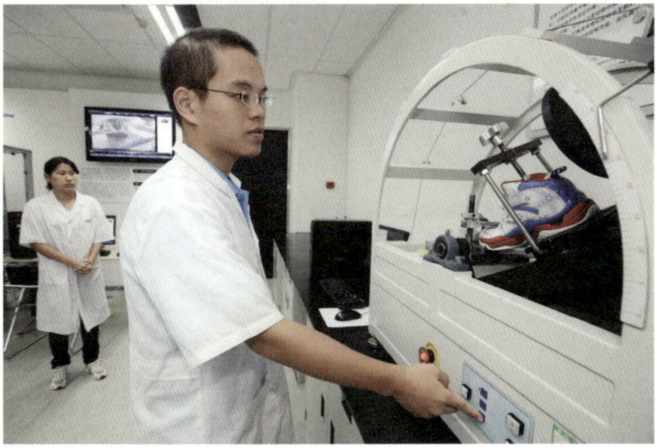

晋江民营企业40多年来不断改革创新，从“制造”走向“智造”。图为安踏（中国）有限公司技术人员检测产品质量。

非公有制经济发展壮大

20世纪80年代，福建的非公有制经济从最初的“草根工业”“乡镇企业一枝花”发展成为“半壁江山”，走过了一段艰难曲折的历程。福建的非公有制经济经过十几年发展初步完成了资本积累，1992年进入快速发展阶段，尤其是党的十四届五中全会以后，在整体搞活国有经济的思路指导下，按照“抓大放小”的原则，开始对国有企业进行战略性改组，通过联合、兼并、出租、出售、破产、股份制、股份合作制等形式，部分国有企业经过资产转换，成为非公有制经济的一部分。

1987年成立的民营企业福耀玻璃工业集团股份有限公司，已成为世界著名的汽车玻璃生产企业。图为福耀玻璃生产车间。

宁德是福建省拥有船台、船坞数量最多的船舶修造基地。

创立于1990年的晋江七匹狼实业股份有限公司，是中国男装行业开创性的品牌。图为七匹狼服装生产车间。

20世纪80年代，民营电机企业在福安异军突起。1988年，福安城关电机电器企业达200多家，成为名副其实的“电机城”。

大念“山海经”

面山背海的福建素有山海优势。1981 年，改革开放大门初启，面对耕地不足但山海资源广阔的现实，福建省委作出大念“山海经”、建设八个基地的重大战略决策。

大念“山海经”首先推动了林业基地的建设，福建对山区进行综合开发，统筹规划，因地制宜发展林、竹、茶、果和各种副产品，特别是加速造林育林、扩大森林面积，森林覆盖率在 20 世纪 80 年代后期提高到 60%，居全国第一，同时实现了林业产值翻两番。福建在大念“山经”的同时，“海经”也念得如火如荼，除了大搞捕捞，更大力发展海水养殖。1985 年，宁德大黄鱼人工繁殖技术攻关获得成功，全省海水养殖产量达 20 多万吨，跃居全国首位。

大念“山海经”给全省经济社会带来深刻变化，焕发出巨大活力。20 世纪 90 年代，福建省农副渔产品人均产量居全国首位。

20世纪80年代后期，福建的森林覆盖率已达到60%，至今仍保持全国首位。

习近平同志在福建工作期间曾多次到古田县考察，指明发展食用菌产业是古田脱贫的主要发展方向。

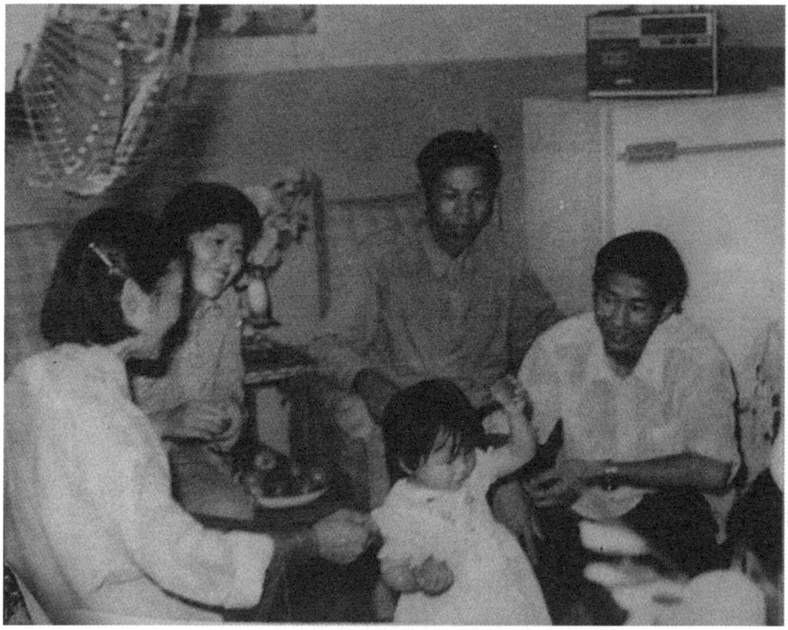

“食用菌之乡”古田县大力发展食用菌生产技术取得成效。图为1982年依靠生产银耳致富的古田城关前坂大队万元户翁西应（右一）。他家中不仅盖起新房、买了汽车，冰箱、电视机、三用机等高档电器一应俱全。

1989年在福建建立的全国第一个对台贸易港口——惠安崇武港。

福建大力建设海洋经济大省，海洋渔业迅猛发展。图为福鼎沙埕渔民在闽东渔场捕捞作业。

宁德三都澳的官井洋大黄鱼自然繁殖保护区。

改革开放初期，晋江祥芝公社的祥农、祥渔大队在念“海经”的同时，发展“生意经”，初步形成渔工商一体化。经过几十年发展，晋江紫菜加工业已占据全国70%的份额。图为祥芝一企业的紫菜包装车间。

引进外资促发展

改革开放之初，福建省委、省政府深感要对外开放，必须改善投资环境，增强发展后劲，充分运用中央赋予的"特殊政策"，开展大规模基础建设，集中一定的财力和物力，加强电力、煤炭、交通运输和邮电通信等基础设施的重点建设。1979 年 6 月，福建省委、省革委会向中央递交关于利用侨资、外资，发展对外贸易，加速福建社会主义建设的请示，提出利用外资加速福建现代化建设的战略构想，并迅速付诸实践。1979 年至 1984 年，福建省基本建设投资总额达 65 亿元，超过了 1978 年前 10 年的总和。

随着基础设施建设的开展、投资环境的改善，侨商、外商来福建直接投资的实际使用额逐步增加，1983 年首次突破 1000 万美元，1984 年达到 4828 多万美元，1985 年达到 1.18 亿美元。

1981年4月成立的福日电视机有限公司，是中国电子行业第一家中外合资企业，在20世纪90年代跻身全国彩电五强之列。当时许多家庭以拥有一台福日电视机为梦想。

1983年8月，全国第一家从事信托投资的国际金融服务机构——华福公司，首次在日本发行50亿日元私募债券。

1996年5月23日，第三届中国福州国际招商月（现为海峡两岸经贸交易会）在五一广场于山堂开幕。海峡两岸经贸交易会与在厦门举办的福建省外商投资贸易洽谈会（现为中国国际投资贸易洽谈会）并列为福建两大国际性招商经贸活动。

闽台经贸合作

福建是最早承接台资的地区之一。1989 年 5 月，国务院正式批准厦门市杏林、海沧及福州马尾设立台商投资区，为吸收台商投资、推动两岸融合发展发挥了重要作用。近年来，福建积极推进闽台两岸企业互动投资，率先打开面向台湾的市场，主动对台金融开放先行先试，持续推进台湾农民创业园合作平台建设等。一系列统筹发展的举措，使得闽台双向投资持续增长，闽台贸易往来日益紧密，闽台产业合作先行示范，为推进两岸经贸关系的发展、促进两岸经济交流与合作起到表率作用。

1990年12月由台湾潘氏集团和印尼林氏集团在福州市福清融侨经济开发区共同投资创立的大型高科技外商独资企业冠捷电子科技（福建）有限公司。

1997年福州、漳州“海峡两岸农业合作实验区”获准设立。

由台资企业腾龙芳烃(漳州)有限公司投资建设的漳州古雷PX项目。

1999年9月，海峡两岸最大的汽车合资企业——东南（福建）汽车工业有限公司正式竣工投产。

2009年8月10日，台湾新大陆股份有限公司在台北挂牌成立，福建新大陆成为大陆首家赴台投资的企业。

2010年9月，海峡两岸经济合作框架协议（ECFA）正式实施。图为两岸首票ECFA进口货物登陆厦门。

中国国际投资贸易洽谈会

每年 9 月 8 日，都会迎来厦门的“九 · 八”时间，在此举办的中国国际投资贸易洽谈会，已走过了 20 多届的光辉历程，由最初区域性的“闽南三角地区投资贸易洽谈会”起步，到全省性、省际性、口岸性又升格为全国性，规模越来越大，平台越来越国际化，影响日益扩大，效益不断显现，吸引着越来越多海内外资本与客商的关注。投洽会以“引进来”和“走出去”为主题，以“突出全国性和国际性，突出投资洽谈和投资政策宣传，突出国家区域经济协调发展，突出对台经贸交流”为主要特色，是中国目前唯一以促进双向投资为目的的国际投资促进活动，也是通过国际展览业协会（UFI）认证的全球规模最大的投资性展览会。

1989年9月8日，福建省外商投资贸易洽谈会的展厅一角。

1989年9月8日，在厦门富山展览城举行的福建省外商投资贸易洽谈会上，美国客商与兴厦公司商谈贸易业务。

第一届中国投资贸易洽谈会（简称“9·8投洽会”）于1997年9月8日至13日在厦门举行。

中国国际投资贸易洽谈会会标金钥匙成为打开中国走向世界之门的象征。

金砖国家领导人厦门会晤

2017年9月3日至5日，金砖国家领导人第九次会晤在福建厦门举行。中国国家主席习近平主持会晤并发表重要讲话，强调要推进经济务实合作，加强发展战略对接，推动国际秩序朝更加公正合理方向发展，促进人文民间交流，共同开启金砖合作第二个“金色十年”。

会晤发表的《金砖国家领导人厦门宣言》在金砖经济务实合作、全球经济治理及国家和平与安全等五大方面公布了70余项共识。厦门会晤取得前所未有的成功，为金砖合作开辟了新境界。金砖合作第二个“金色十年”将在深度和广度上继续拓展，而中国将继续发挥引领作用。

2017年9月3日，厦门国际会议中心前各国国旗迎风飘扬。

厦门国际会议中心及周边景色。

金砖国家工商论坛。

数字中国建设峰会

“建设‘数字福建’，攻占信息化的战略制高点，可以统揽我省信息化全局，发挥后发优势，实现社会生产力的跨越式发展，意义十分重大。”这是2000年12月23日，习近平同志在福建省政府专题会议上的讲话。

进入世纪之交，全球信息化浪潮兴起。2000年，时任福建省省长习近平高瞻远瞩、审时夺势，作出了建设“数字福建”的战略决策，提出了“数字化、网络化、可视化、智慧化”的数字福建建设目标，开创了数字省域建设的先河。2018年4月22日至25日，由国家互联网信息办公室、国家发展改革委员会、工业和信息化部、福建省人民政府联合主办的首届数字中国建设峰会在福州市举行。习近平总书记专门致信祝贺峰会开幕，冀望加快数字中国建设，以信息化培育新动能，用新动能推动新发展，以新发展创造新辉煌。

“数字福建”已深刻融入福建经济、政治、文化、社会、生态等各个方面，有力推动了福建经济社会发展。福建电子证照共享工程列入国家“互联网+政务服务”示范工程，国家级互联网骨干直联点开通运行，“互联网+”行动深入推进，电子政务运用体系基本建成，数字经济发展规模、信息化综合指数位居全国第六位，信息服务应用惠及全民方面更是位居第一。

习近平致首届数字中国建设峰会的贺信

值此首届数字中国建设峰会开幕之际，我谨向峰会的召开表示衷心的祝贺！向出席会议的各界人士表示热烈的欢迎！

当今世界，信息技术创新日新月异，数字化、网络化、智能化深入发展，在推动经济社会发展、促进国家治理体系和治理能力现代化、满足人民日益增长的美好生活需要方面发挥着越来越重要的作用。

2000年我在福建工作时，作出了建设数字福建的部署，经过多年探索和实践，福建在电子政务、数字经济、智慧社会等方面取得了长足进展。

党的十九大描绘了决胜全面建成小康社会、开启全面建设社会主义现代化国家新征程、实现中华民族伟大复兴的宏伟蓝图，对建设网络强国、数字中国、智慧社会作出战略部署。加快数字中国建设，就是要适应我国发展新的历史方位，全面贯彻新发展理念，以信息化培育新动能，用新动能推动新发展，以新发展创造新辉煌。

本届峰会以“以信息化驱动现代化，加快建设数字中国”为主题，展示我国电子政务和数字经济发展最新成果，交流数字中国建设体会和看法，进一步凝聚共识，必将激发社会各界建设数字中国的积极性、主动性、创造性，推动信息化更好造福社会、造福人民。

预祝峰会圆满成功！

习近平

2018年4月22日

习近平致首届数字中国建设峰会的贺信。

2018年，首届数字中国建设峰会在福州市举行。

福建电子政务走在全国前列，在全国最早建成省级政务信息共享平台。图为首届数字中国建设峰会上“数字福建”展区展示的福建省级政务数据汇聚共享平台。

“为物赋码”走向“为人赋码”。图为首届数字中国建设峰会“数字公民生态共建及成果发布会”上，福建新大陆集团发布的全球首颗数字公民安全解码芯片。

首届数字中国建设峰会上的“明星”——由百度公司和福建金龙客车合作生产的国内首辆商用级无人驾驶巴士“阿波龙”，吸引了参观者争相体验。

福建物联网产业蓬勃发展，2017年，中国（福州）物联网开放实验室、中国（福州）物联网产业促进中心落户马尾。图为数字中国建设峰会上展示在福州启动的全国最大规模窄带物联网智慧水务商用项目。

福建目前已有7个国家智慧城市试点城市，其中厦门上榜“中国十大智慧城市”。图为依靠数字化管理的中国首个公共安全管理中心——厦门市公共安全管理平台。

产业经济

新中国成立初期，福建经济以农业为主，1950年三次产业结构比例为65.9：19.0：15.1，到1978年，调整为36.0：42.5：21.5。改革开放后，福建加快产业调整步伐，到2021年三次产业结构比例调整为5.9：46.8：47.3，初步形成了以先进制造业和现代服务业为主体、特色现代农业为基础的现代产业体系。

“十三五”期间，福建积极推动产业结构调整转型升级，经济发展实现提质增效。经济结构持续优化，主导产业做大做强，产值超百亿工业企业达47家，千亿产业集群数量实现翻番。做大做强电子信息和数字产业、先进装备制造、石油化工、现代纺织服装、现代物流、旅游六大主导产业，提档升级特色现代农业与食品加工、冶金、建材、文化四大优势产业，培育壮大新材料、新能源、节能环保、生物与新医药、海洋高新五大新兴产业，打造“六四五”产业新体系。

特色现代农业提质增效

“十三五”以来，福建省以实施乡村振兴战略为总抓手，以农业供给侧结构性改革为主线，扎实推进“三农”领域各项改革发展任务落实落细，实现农业农村经济持续稳定增长。粮食生产稳定，水稻优质率超过80%，主要农产品量足质优价稳，毛茶产量保持全国前列，食用菌产量全国第二。坚持产业集聚，创建了11个国家特色农产品优势区、4个国家现代农业产业园、1个全国优势特色产业集群、27个全国农业产业强镇，推动了特色产业向优势区域集中，培育了安溪铁观音、平和蜜柚、古田食用菌、福鼎白茶、光泽肉鸡等特色产业百亿强县。畜禽全产业链产值达2053亿元，福建圣农白羽肉鸡屠宰量达5.1亿羽，全产业链模式亚洲排名第一；长富乳业位居全国奶类企业二十强。坚持绿色导向，农业绿色发展专项行动深入实施，现代农业产业技术体系建设加快推进。闽台农业融合发展持续深化，农业利用台资数量和规模保持全国第一。

武夷山市积极打造武夷岩茶产业集群燕子窠“三茶”统筹示范区。图为武夷山燕子窠茶园示范基地。

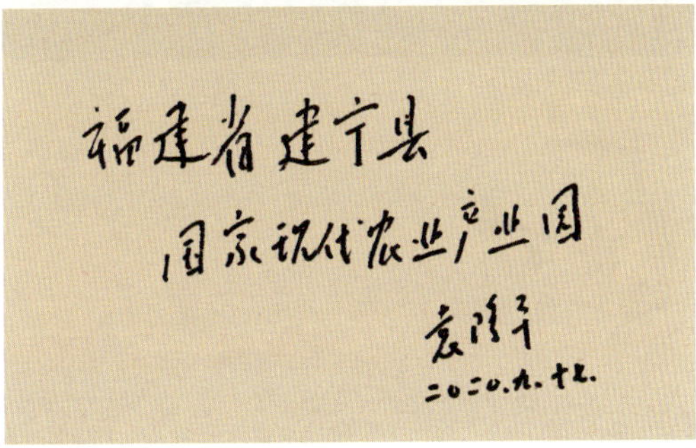

袁隆平为福建省建宁县国家现代农业产业园题名。

调整优化区域布局和产业结构，促进种植业生产向生态最适宜区和产业优势区集中。图为建宁县高标准制种基地航拍图。

安溪县连续十年位列全国重点产茶县首位，安溪铁观音连续五年位列全国地理标志产品区域品牌价值茶叶类第一。图为安溪铁观音茶庄园。

周宁县鼓励茶企茶农运用无人机、太阳能杀虫机等现代化智能设备，进行统防统治，提高茶园效益。

云霄枇杷、福清一都枇杷、莆田常太枇杷等品质优良，享誉国内外。

2021年国家畜禽遗传资源委员会正式审定东北农业大学与福建圣泽生物科技发展有限公司、福建圣农发展股份有限公司联合培育的“圣泽901”白羽快大型肉鸡品种。

将乐县省级现代农业示范区，灵芝规模化人工栽培带动周边农户发展，促进农民增收。

清流县现代农业示范区内的福建春舞枝花卉有限公司多肉植物馆。

大田县油菜花海。

晋江天然气发电公司是国内首家“三电合一”（气电、风电、光伏）的大型发电企业。

先进制造业高质量发展

2021 年，福建省规模以上工业企业实现利润总额 4353.3 亿元，产值超千亿产业集群达 21 个。电子信息产业“增芯强屏”取得突破；机械装备产业加快智能化、高端化发展，宁德时代动力电池出货量居全球前列；石油化工产业链体系加快形成；新兴产业加快发展，传统产业加快转型升级，中铝宁德铜冶炼、福安青拓特钢新材料建成投产；新一轮企业技术改造专项行动计划实施，企业技改投资年均增长 15.5%；工业企业加快“退城入园”转型升级。

宁德时代新能源电池自动化生产线。

新能源汽车成为福建“一张新名片”，带动“电动福建”弯道超车。图为云度新能源汽车股份有限公司总装车间工人在生产线上工作。

现代服务业提速发展

2020年福建省服务业经济总量实现新跨越，服务业增加值超两万亿元，2021年达到23046.3亿元，比上年增长8.8%。现代物流、金融服务、旅游等现代服务业加速发展，国家A级物流企业总数413家，居全国前列，福州、厦门等全省5个设区市成为国家物流枢纽承载城市，厦门列入国家首批物流枢纽建设名单，福州列入国家首批冷链物流基地。交通运输现代服务业呈蓬勃发展之势，网络货运、快递服务、城市绿色配送、陆地港、邮轮经济等新业态加快发展；金融业增加值年均增长7.3%，“海峡科创板”推出；旅游业累计接待国内外游客16.95亿人次，年均增长19%。平台经济、分享经济、体验经济等新业态、新模式不断涌现。

厦门金融中心大厦是厦门岛顶级智能化5A甲级写字楼，是厦门两岸金融中心地标式建筑之一，集聚效应正日益凸显。

厦门象屿和建发物流进入2021年度中国物流企业五十强。图为厦门建发物流园。

三明市实施《“五项提升”推进沙县小吃产业发展再出发行动方案》，推动沙县小吃向“标准化、连锁化、产业化、国际化、数字化”转型。

区域经济

改革开放以来，福建省在区域经济发展上先后提出了一系列发展思路，从“大念山海经、建设八大基地”到“沿海、山区一盘棋”，从“山海协作联动发展”到“构建三条战略通道”，这些指导方针对全省区域经济布局产生深远的影响。

党的十八大以来，中央支持福建改革开放和加快发展的力度不断加大。继平潭综合实验区后，中国（福建）自由贸易试验区、福建21世纪海上丝绸之路核心区、福州新区、福厦泉国家自主创新示范区、国家生态文明试验区等陆续落地八闽，福建因此成为目前国家级区域发展战略落地最多，中国优惠政策最多、最集中的省份之一。福建始终坚持全省一盘棋发展，实施闽东北、闽西南两大协同发展区建设战略，建立更加有效的区域协调发展新机制。山海协作持续深化，老区苏区加快发展，山区和沿海地区发展差距进一步缩小，城乡融合发展有序推进，区域发展格局持续优化。

“3820”战略工程

1992年初邓小平同志视察南方谈话发表后，全国掀起了新一轮的改革开放热潮。习近平同志担任福州市委书记期间，带领市委、市政府领导班子，经过反复论证，集思广益，十易其稿，制定出《福州市20年经济社会发展战略设想》，科学谋划了福州3年、8年、20年经济社会发展的战略目标、步骤、布局、重点等，简称“3820”工程。此后，历届福州市委、市政府坚定不移地实施“3820”工程，坚持“3820”战略工程蕴含的战略思维、科学理念、工作方法、优良作风，立足福州实际，不断提升城市现代化、国际化水平，持续增强福州的国际知名度、影响力、竞争力，加快建设现代化国际城市。

2021年1月5日，福州市委、市政府出台《坚持“3820”战略工程思想精髓加快建设现代化国际城市行动纲要》，提出今后五年，福州将着力打响海上福州、数字福州、新型材料、海港空港、闽都文化等五大国际品牌，推动现代化国际城市建设取得更大突破。

1992年，习近平同志担任总指导，带领福州市委、市政府领导班子，专门成立课题组开展福州市发展战略研究，编制出《福州市20年经济社会发展战略设想》一书。

福州工业加快向以江阴、罗源湾两大港区为重点的“南北两翼”聚集，现已形成八大重点产业集群。上图为福清江阴港区。下图为罗源湾港区狮岐码头。

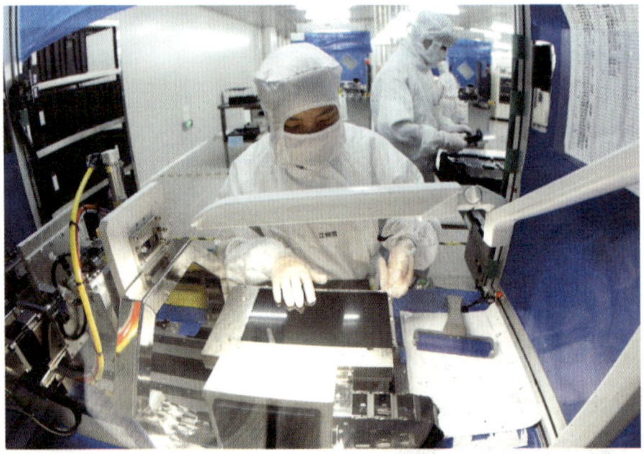

华映光电股份有限公司中小液晶模组生产车间。

冠捷电子有限公司生产线。

金融业发展迈出新步伐。图为2009年12月7日福建海峡银行开业。

发挥省会中心城市人流、物流、资金流、信息流积聚的优势，服务业发展呈现出良好态势。图为福州海峡国际会展中心。

位于长乐滨海新区的海西（网龙）动漫创意之都。

平潭综合实验区开放开发

2011 年 11 月，国务院批复《平潭综合实验区总体发展规划》，明确了平潭综合实验区的功能定位、发展目标、主要任务、建设布局，并在通关模式、财税支持、投资准入、金融保险、对台合作、土地配套等方面，赋予平潭比经济特区更加特殊、更加优惠的政策。2014 年 11 月 1 日，习近平总书记到平潭考察，亲自为平潭擘画“一岛两窗三区”战略蓝图，为平潭开放开发指明前进方向、提供根本遵循。2015 年 4 月，国务院批复《福建自贸试验区总体方案》，福建自贸试验区平潭片区挂牌成立。2016 年 8 月，国务院批复《平潭国际旅游岛建设方案》。由此，平潭形成独特的“实验区 + 自贸区 + 国际旅游岛”三区叠加优势。

目前，平潭综合实验区正全面推进旅游开发，丰富旅游产品供给，提升旅游服务品质，加快打造国际知名的旅游目的地；推进改革创新试验，用好国家赋予的优惠政策，促进贸易投资便利化，加快打造高水平的对外开放窗口；深化对台经贸交流合作，做大做强对台贸易主通道，推动建设两岸共同市场；落细落实两岸同胞“同等待遇”，吸引更多台胞参与平潭建设、落户平潭生活，为探索两岸融合发展新路做出更大贡献。

2011年11月30日，“海峡号”客滚轮直航台中港首航仪式在平潭澳前码头举行。

台湾创业园，占地130亩的36栋创业大楼将两岸青年汇聚于此。

流水镇北港村充分挖掘旅游资源，着力打响文创村品牌。

中国（福建）自由贸易试验区

2014年12月12日，国务院决定设立中国（福建）自由贸易试验区。12月26日，十二届全国人大常委会第十二次会议决定设立中国（福建）自由贸易试验区，包括福州、厦门和平潭片区。2015年3月24日，福建自由贸易试验区总体方案审议通过；4月21日，中国（福建）自由贸易试验区挂牌成立，福建自由贸易试验区改革试点工作正式全面启动。福建自贸试验区紧紧围绕“改革创新试验田、两岸经济合作示范区、21世纪海上丝绸之路沿线国家和地区开放合作新高地”战略定位，坚持以制度创新为核心，积极对接供给侧结构性改革，大胆试、大胆闯、自主改，扎实推进各项试验任务，推出一批独具特色的改革试点，实现了一批重点领域的创新突破，具有福建特色、对台先行的制度创新体系基本形成，为全面深化改革、扩大开放和促进两岸交流合作积累可复制可推广的成功经验。

2015年4月21日，中国（福建）自由贸易试验区福州片区挂牌。

福州片区江阴港整车进口口岸。

厦门片区内的海沧保税港区。

厦门太古飞机工程有限公司打造两岸区域性航空维修基地，助推厦门片区产业合作示范区建设。图为厦门太古飞机航空维修。

平潭片区开通对台客货运直航模式。图为平潭—高雄海上货运直航。

共建海上丝绸之路

福建是古代海上丝绸之路的重要起点，是最早实行对外开放的省份之一，对外交往遍及五大洲，与世界上 200 多个国家和地区建立了经贸合作关系，与 40 个国家 100 多个城市建立了国际友城关系。

2015 年 3 月，经国务院授权，国家发展改革委、外交部、商务部发布《推动共建丝绸之路经济带和 21 世纪海上丝绸之路的愿景与行动》，明确提出支持福建建设 21 世纪海上丝绸之路核心区。11 月 17 日《福建省 21 世纪海上丝绸之路核心区建设方案》印发，明确了福建省 21 世纪海上丝绸之路核心区建设的四大功能定位、重点合作方向、主要任务等。乘着“一带一路”东风，千年“福船”风起帆张，全力建设 21 世纪海上丝绸之路核心区，福建必将书写开放发展的新篇章。

海上丝绸之路起点城市泉州。

2018年12月，福建省率先开行“丝路海运”。作为中国首个以航运为主题的“一带一路”国际综合物流服务品牌和平台，“丝路海运”的规模和影响力不断扩大。图为福州港“丝路海运”快捷航线首航。

福建金龙客车致力于为出口国（地区）量身打造公交解决方案，客车出口量居全国第一位。

中国武夷的肯尼亚建材超市。

福州新区扬帆启航

20世纪90年代初，习近平同志担任福州市委书记期间，主持编制《福州市20年经济社会发展战略设想》，科学谋划了建设闽江口金三角经济圈的战略布局。福州市大力推进城市“东进南下”的发展战略，福州新区应时而生。

2015年8月30日，国务院正式批复同意设立福州新区。福州新区由此成为全国第14个、福建省首个国家级新区。福州新区核心区800平方公里，涉及马尾区、仓山区、长乐市、福清市的26个乡镇（街道）。同年9月13日，国家发展改革委正式公布《福州新区总体方案》，明确提出福州新区建设“三区一门户一基地”的战略定位，即两岸交流合作重要承载区、扩大对外开放重要门户、东南沿海重要的现代产业基地、改革创新示范区和生态文明先行区。

福州市正全力推进福州新区开放开发，继续传承弘扬“3820”工程战略精髓，坚持“一张蓝图绘到底”理念，在更高起点上加快建设闽江口金三角经济圈。

福州新区中部片区为核心区，与福州主城区构成市域双核，重点发展现代商贸、金融、科技研发、总部经济等高端服务业。图为福州台江区的海峡金融商务区。

福州新区南部片区重点发展临港重化工、电子信息、机械制造、新能源、航运物流产业。图为中国东南大数据产业园研发楼。

福州新区北部片区围绕交通枢纽布局，重点发展滨海休闲度假、航运物流、特色都市农业等产业。图为罗源湾海洋世界。

福厦泉国家自主创新示范区

2016 年 6 月 16 日，国务院批复，福厦泉国家自主创新示范区进入“国家队”，成为我国第 15 个自主创新示范区，是国务院在全国科技创新大会之后批准的第一个“自创区”。

2017 年，福厦泉国家自创区第一批 18 项改革创新政策举措在全省进行复制推广。2019 年 3 月，第二批 20 项示范区改革创新政策举措向全省进行复制推广。创新举措包括强力推动两岸青年创新创业交流合作、引进国家大基金共建高新技术产业园区、组建人才创新共享联盟、设立重大发明专利奖、设立知识产权仲裁院、建立高层次人才编制“周转池”制度、创新实行高层次人才职称直聘机制等。福厦泉国家自创区建设如火如荼，全省约 84% 高新技术企业、72% 科技小巨人企业和 73% 新型研发机构在示范区成长。

福州入选“科创中国”试点城市。图为长乐东湖数字小镇。

中国第一个拥有自主知识产权的全自动化码头——厦门远海集装箱码头。

2022年2月27日11时06分，“安溪铁观音一号”卫星于中国文昌卫星发射中心搭载长征八号遥二运载火箭发射升空。这是福建省第一颗亚米级地面分辨率的商业光学遥感卫星，也是中国第一颗以茶叶品牌冠名的遥感卫星。

厦门国家火炬高新区

厦门国家火炬高技术产业开发区（简称“厦门国家火炬高新区”）1991年被国务院批准为全国首批国家级高新区，是全国三个以“火炬”冠名的国家高新区之一，先后获得国家高新技术产品出口基地、国家对台科技合作与交流基地、国家海外高层次人才创新创业基地、国家双创示范基地等18块“国字号”招牌，是福厦泉国家自主创新示范区厦门片区核心区。经过30多年发展，厦门国家火炬高新区已经成为厦门创新驱动发展主引擎、“三高”（高技术、高成长、高附加值）企业集聚地、厦门千亿产业链（群）主要载体以及创新创业主平台。

厦门科技创新园夜景。

厦门软件园三期，已基本完成人工智能、5G、大数据、物联网及智能硬件等五大产业布局，人工智能成为软件园三期发展的关键词。

美亚柏科是国内电子数据取证行业的龙头企业，国内市场占有率超40%，图为美亚柏科超级计算中心。

县域经济的“排头兵”

县域经济作为国民经济的基本单元，处在承上启下的关键环节。“晋江经验”为福建乃至全国县域经济发展树立了样榜。2021 年，福建省“十强”“十佳”“十优”县（市、区），以全省 31% 的行政区域面积，创造超过一半的经济总量、七成以上的千亿产业集群，是拉动福建省经济增长的“主力军”，也是福建省县域经济发展的“排头兵”和“潜力股”。它们各自走出一条符合本地实际的改革开放之路，为福建省县域经济高质量发展提供经验和借鉴。

“十三五”期间，晋江市地区生产总值年均增长7.4%、突破2600亿元，2021年度晋江县域经济基本竞争力首次进入全国四强。图为晋江国际鞋纺城及其中轴商业配套。

2021年石狮市综合实力晋位至全国中小城市百强第15位，全面小康指数位居全国县域第20位。图为石狮国际服装城。

福清市地区生产总值1270亿元，突破千亿元大关。县域经济、县域综合实力在2020年全国百强县市中分别排名第15位、第18位。图为中国—印尼“两国双园”项目之一的元洪国际食品产业园。

2020年闽侯县跻身全国创新百强县第23位，规上工业产值突破千亿大关，跻身全国工业百强县第53位。图为福建奔驰汽车有限公司。

南安市经济总量迈入千亿城市行列，年均增长7.3%，2020年位居全国县域经济综合竞争力百强第27位、工业百强第15位。

清流县着力打造氟化工产业基地集群，东莹化工连续三年纳税超亿元，是三明市首家纳税超亿元民营企业。图为清流县东莹化工厂区。

永泰县变资源优势为经济优势，大力发展全域旅游，以全省第一的成绩获评首批国家全域旅游示范区。图为永泰嵩口镇月洲村。

“建宁水稻种子”是全国唯一水稻种子地理标志证明商标。图为建宁县溪口镇杂交水稻制种基地。

武平县成为国家集体林业综合改革试验示范区，森林覆盖率达79.7%。

创新驱动

实现高质量发展，创新是第一动力。2021年3月习近平总书记在闽考察时强调："要坚持创新在现代化建设全局中的核心地位，把创新作为一项国策，积极鼓励支持创新。创新不问'出身'，只要谁能为国家作贡献就支持谁。"

近年来，福建省深入实施创新驱动发展战略，战略性新兴产业增加值超6000亿元，数字经济增加值占地区生产总值的比重达45%左右。"十三五"期间，全省研发经费年均增长17.7%，目前全省国家高新技术企业突破6400家，省级以上重点实验室现有245家，汇聚起推动发展的强大动能。福建立足本省特色优势、资源禀赋，将数字经济、海洋经济、绿色经济、文旅经济确定为高质量发展新的增长极，并写入省第十一次党代会报告，作为今后五年加快建设现代化经济体系的施政之要。福建正坚定向创新型省份不断迈进。

基础研究打造新平台

2018年，福建省出台《全面加强基础科学研究的实施意见》，从提高原始创新能力、构建基础研究支持体系、加强重大基础设施建设、优化基础研究布局和壮大基础研究人才队伍等五个方面进行部署安排。2019年起，福建省启动全省创新实验室建设，确定首批建设的4家省创新实验室，分别是福州市"中国福建光电信息科学与技术创新实验室"、厦门市"中国福建能源材料科学与技术创新实验室"、泉州市"中国福建化学工程科学与技术创新实验室"、宁德市"中国福建能源器件科学与技术创新实验室"，2021年新启动建设"福建省生物制品科学与技术创新实验室"和"福建省柔性电子科学与技术创新实验室"2家省创新实验室。2021年1月29日，福建省创新研究院正式挂牌成立，为全方位推动福建省高质量发展超越提供科技和智力支撑。

中国福建化学工程科学与技术创新实验室（清源创新实验室）以石化工业链产业为导向，重点解决制约石化产业高质、高值、绿色发展的重大难题。

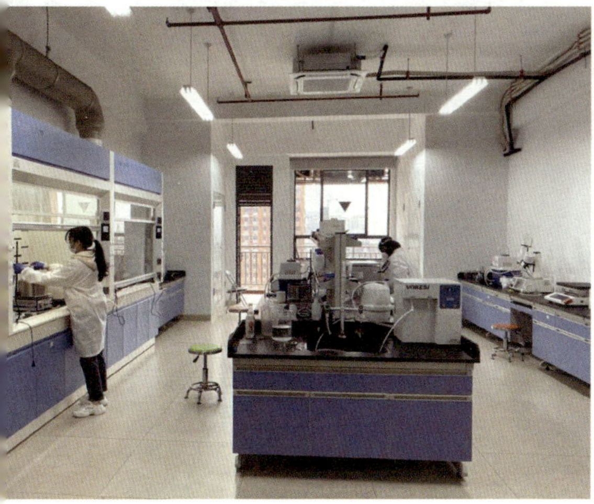

中国福建光电信息科学与技术创新实验室（闽都创新实验室）聚焦光电信息科技与产业发展重大战略需求，布局战略性先进光电材料、新型照明与显示、高速通信与感知三个研究方向。图为实验室科研人员在认真工作。

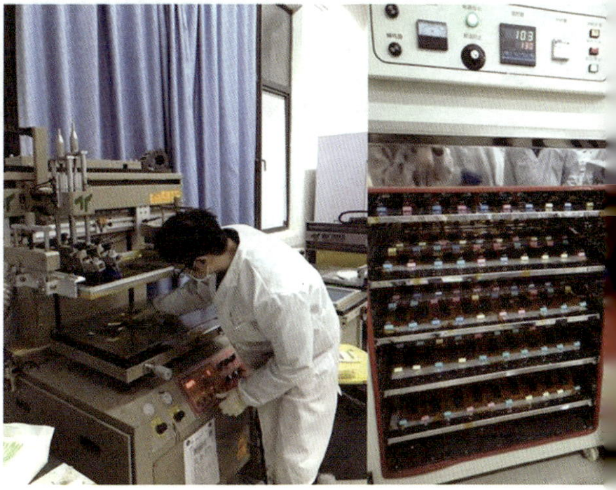

中国福建能源材料科学与技术创新实验室（嘉庚创新实验室）以能源材料领域的国家顶级实验室为目标开展建设。图为实验室团队赶制石墨烯产品助力湖北抗疫。

中国福建能源器件科学与技术创新实验室，研究方向以新能源的存储与转化为基础核心。图为宁德市锂电新能源小镇。

福建省生物制品科学与技术创新实验室将主要围绕生物医药领域的科学研究与技术创新、转化和产业化，开展相关基础科学、底层技术攻关。右上图为实验室开工仪式。

福建省柔性电子科学与技术创新实验室重点解决柔性电子领域重大基础科学问题和产业化共性技术难题，右中图为福建省柔性电子科学与技术创新实验室建设论证会。

右下图为福建省创新研究院展馆首次亮相第21届中国国际投资贸易洽谈会。

技术创新提升核心竞争力

福建省坚持把科技创新作为高质量发展的第一动力源，不断强化企业创新主体地位，创新创业创造环境持续优化。目前，全省高新技术产业化效益指数位列全国第 4 位，科技促进经济社会发展指数、科技创新环境指数均居全国第 9 位，共培育国家高新技术企业 6400 多家、科技小巨人企业 1400 多家、科技型中小企业 4900 多家。宁德时代突破了新一代锂电池和规模储能等关键核心技术，锂电池销售市场份额连续五年位居全球第一。瑞芯微和福建中科光芯设计研发的芯片获得“中国芯”的最高荣誉。企业的核心技术攻关能力与日俱增。

福建时代星云科技有限公司围绕储能共同打造“微型产业链”，首批储充检一体化智能充电站建成投用。图为分布式风光储微网系统储能电站。

2021年1月30日，全球第一台“华龙一号”核电机组——福建福清核电5号机组投入商业运行，成为全球唯一按计划建成的三代核电。“华龙一号”标志着我国成为继美国、法国、俄罗斯、韩国、日本之后第六个拥有独立自主知识产权三代核电技术的国家。图为技术人员在进行首炉接料操作。

安踏集团为中国国家队提供的短道速滑比赛服，除减阻提速系数高达5%，还采用最新的360°全身防切割技术，防切割强度是钢丝的15倍，安全性能大幅提升。图为安踏为中国短道速滑队设计的专业比赛服进行风洞测试。

福建福光股份有限公司是全球光学镜头重要制造商，也是一家专精特新科技“小巨人”企业，拥有多项行业首创技术，图为福建福光股份有限公司生产车间。

现代经济体系奏响“四重奏”

党的十八大以来，福建省坚定不移贯彻新发展理念，加快数字经济、海洋经济、绿色经济、生态经济协同并进：数字经济增加值突破2万亿元，占地区生产总值比重45.7%，已成为高质量发展的主引擎；海洋经济生产总值超过1万亿元，居全国第3位；森林覆盖率66.8%，是全国唯一的保持水、大气、生态环境全优省份，绿色经济发展壮大；“清新福建”的绿色招牌越擦越亮，生态文化优势凸显，文旅经济提质增效。

立足发展基础，正视存在差距，构建多元发展、多点支撑的现代产业新格局，福建已迈开步伐。

数字经济

福州市加强区域创新能力建设，推动产业链与创新链深度融合。图为马尾物联网产业创新发展中心。

厦门市民通过自助服务系统办理业务，“不见面审批”逐渐成为厦门政务服务主要方式。

长乐东湖VR小镇，前来参观的游客争相体验VR。

福州是全国电子社保卡的首批试点城市之一。图为2018年3月20日，福州电子社保卡正式上线。

海洋经济

大力实施“走出去”发展战略，支持和鼓励本土渔业公司寻找新的海域、新的发展空间。图为2007年，即将出发赴印度尼西亚捕捞的福州渔船船队。

福州市连江县筱埕镇蛤沙村海带养殖。

厦门依托港口优势，从经济特区到探索试验保税区、保税港区、出口加工区、自贸试验区等多种开放形态，无一不是向海向外寻找出路。图为厦门海沧嵩屿码头。

立足山、水、海岸线和港口优势，大力发展海上风电等清洁能源。图为平潭海上风电。

霞浦的滩涂不仅培育水产养殖产业，其优美的风光也被国内外摄影师逐渐发掘，如今，霞浦滩涂已成为海内外闻名的摄影创作基地。

安全来自长期警惕 事故源于瞬间麻痹

绿色经济

绿色能源助力经济发展，左图为漳州市漳浦县竹屿光伏发电厂。

福鼎市实现茶产业的全产业链发展，撑起乡村振兴的半壁江山。左下图为福鼎白茶晒茶场。

中下图为福人集团森林工业有限公司采用“变废为宝”的工业化技术，用竹屑、竹刨花等下脚料，生产无醛竹刨花板等绿色产品，有效减少对自然林的采伐。

石狮市能源企业实施清洁能源改造。右下图为鸿山电厂员工巡查锅炉补给水A超滤装置运行情况。

文旅经济

泉州古城涌现愈来愈多的网红民宿，慕名前往的游客也日渐增加。图为泉州“麒麟商店”民宿吸引文艺范年轻人一起学习。

《印象大红袍》演出成为深受观众喜爱的文化旅游品牌。图为演出现场。

福州市三坊七巷文化街区是我国第一批国家级夜间文化和旅游消费集聚区。图为福州三坊七巷历史文化街区夜景。

福建打造“全福游、有全福”品牌，从“环闽”动车经停站点并向周边铁路到达城市延伸，串联世界遗产地、AAAAA级旅游景区、国家旅游度假区等福建省优质旅游资源，形成“全福游”大环线经典线路。图为大环线上的漳州南靖土楼。

平潭“最美环岛路”依山傍海。

福建省内共有AAAAA级景区十处。图为宁德市屏南县白水洋景区。

民生篇

为政之道，民生为要。关注民生、着力保障和改善民生，体现了我们党以人民为中心的价值追求，彰显了我们党的初心和宗旨。党的十八大以来，习近平总书记就做好民生保障工作作出一系列重要指示，深刻指出民生是最大的政治，增进民生福祉是发展的根本目的，做民生工作首先要有为民情怀，要多谋民生之利、多解民生之忧，在发展中补齐民生短板、促进社会公平正义。在庆祝中国共产党成立100周年大会上的讲话中，习近平总书记再次强调“坚持在发展中保障和改善民生”，为新时代做好民生工作指明了方向，提供了基本遵循。改革开放以来，福建综合实力不断跃上新台阶，城乡面貌发生翻天覆地的变化。随着经济社会的发展，福建省委、省政府对民生事业的重视程度和投入力度不断加大，社会事业蓬勃发展，民生建设硕果累累。特别是党的十八大以来，省委、省政府围绕交通、住房、医疗、食品安全、脱贫攻坚、对台交流、疫情防控等群众最关心、最迫切、最现实的利益问题，以民心民力为依靠、民意民声为依据、民愿民盼为方向、民惠民富为目标，努力实现人民对美好生活的向往。

基础设施

党的十九届五中全会明确提出要构建系统完备、高效实用、智能绿色、安全可靠的现代化基础设施体系。福建省坚决贯彻习近平总书记对福建工作的重要讲话重要指示精神，坚持以人民为中心，全力解决人民群众最关心、最直接、最现实的水气路、老旧小区改造等问题；坚持系统观念，围绕“便捷、宜居、绿色、安全、智慧”，着力构建高效便捷的城乡基础设施体系；坚持高质量发展战略，着力补短板、强弱项、增效益，全力提升城乡基础设施品质，初步形成布局合理、设施配套、功能完备、安全高效的现代化城乡基础设施体系。

万门程控电话引领全国通信业跨越发展

1982 年 11 月 27 日零点，福州成功地在全国率先引进并开通世界上最先进的全数字万门程控电话系统，成为当时福建省对外开放的一个重要事件。1990 年 9 月 25 日，福建所有市县全部进入国际国内自动电话网，成为中国第一个实现县以上城市长途电话自动化的省份。福州万门程控电话交换系统的引进、开通，是中国改革开放和通信发展史上具有里程碑意义的一件大事，它不仅带来福建通信的一场技术革命，也引领全国通信业的跨越式大发展，为百姓的生活带来焕然一新的改变。

福州万门程控电话安装现场。

福建引进世界上最先进的万门程控电话系统，引领福建通信业的跨越式大发展。

告别“纸褙福州城”

上了年纪的“老福州”口中，有一句俗语叫“纸褙福州城”。到21世纪初，福州城区还有不少棚屋区，居民生活条件十分恶劣。2000年7月，苍霞棚屋区改造工程正式拉开帷幕。2001年5月1日，不到一年时间，涉及苍霞社区3441户、近万人的回迁安置房全部竣工，创造了棚屋区改造的“苍霞速度”。“十三五”期间，福州市实施连片旧屋区改造186片，惠及群众10万户35万人，彻底告别了“纸褙福州城”的历史。

当年居住空间窘迫的福州市台江区苍霞棚屋。

曾经的福州市台江区苍霞棚屋。

苍霞新貌。

今日苍霞。

泉厦高速公路：福建省第一条高速公路

1994 年 9 月，泉厦高速公路经国家计委批准全线动工。泉厦高速公路全长 81.4 公里，全线包括特大桥 1 座，大、中、小桥 70 座，隧道 4 条，互通立交 6 处，分离式立交 41 处。福建省委、省政府对高速公路建设高度重视，1997 年 1 月 15 日，将高速公路列为年度十大“重中之重”工程之首，并发出“举全省之力，加快高速公路建设”的口号。1997 年 12 月 15 日，泉厦高速公路胜利通车。2015 年，福建高速公路通车里程突破 5000 公里，成为全国第四个实现“县县通高速”的省份。2018 年底，全省高速公路通车里程达到 5344 公里，路网密度每百平方公里 4.4 公里，居全国第三位，达到发达国家水平。

工人们奋战在泉厦高速公路施工现场。

泉厦高速公路。

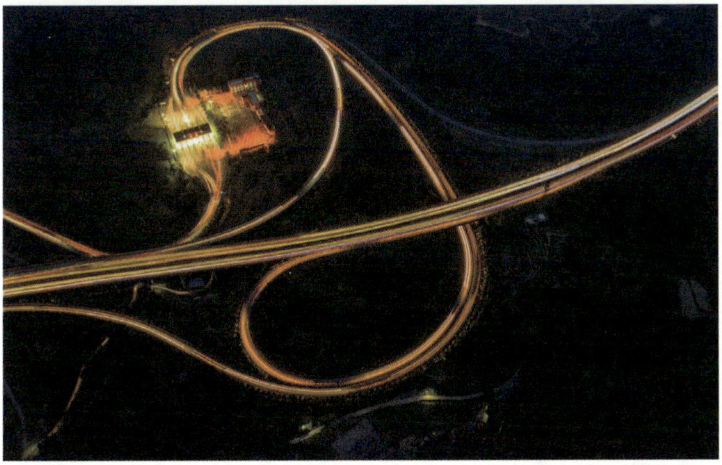

泉三高速公路永春路段。

厦沙高速德化段。

平潭海峡公铁两用大桥

2019 年 9 月 25 日，平潭海峡公铁两用大桥合龙贯通，这是世界最长、中国第一座跨海峡公铁两用大桥。平潭海峡公铁两用大桥的建成大大缩短福州至平潭的时空距离，形成半小时“经济生活圈”，对加快滨海新城和集“自贸区 + 实验区 + 国际旅游岛”三大国家级战略于一体的平潭综合实验区之间的联系往来，促进了东南沿海经济社会发展。

平潭海峡公铁两用大桥远景图。

平潭海峡公铁两用大桥。

平潭海峡公铁两用大桥施工。

环闽高铁：赏遍八闽风光

福厦高速铁路是国家“四纵四横”铁路客运专线和沿海铁路大通道的重要组成部分，线路自福州，经莆田、泉州至厦门，全长 274.9 公里，按国家Ⅰ级双线电气化设计。工程于 2005 年 9 月 30 日开工，2010 年 4 月 26 日，福厦高速铁路正式通车运营。由此，福建实现了市市通高铁，在全国率先形成高铁闭环格局，把省内百余个重点旅游景区像珍珠一样串联起来，全力打造“全福游、有全福”品牌。

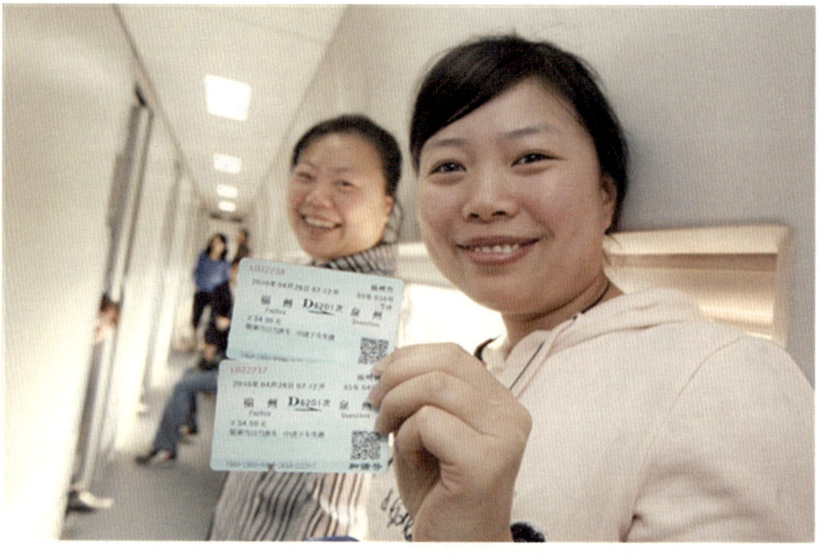

2010年4月26日，福厦高铁开通，首发列车旅客展示车票。

和谐号环闽动车行驶在铁路上。

福州—厦门高速列车驶入福州市区。

城市交通：出门有路，抬脚上车

“发展公共交通是现代城市发展的方向”。为顺应群众对美好生活的向往，福建省加大财力投入，强化组织实施，提升服务质量，持续实施“公交优先发展战略”“村村通客车工程”“海岛交通便民工程”，全省中心城区实现公交站500米全覆盖，新能源、清洁能源公交车占比超过了70%，福州、厦门相继迈进“地铁时代”，网约车规范发展走在前头，群众出行实现“出门有路，抬脚上车”。

福州加快新能源公交车投放速度，到2020年底全市公交车基本“不喝油”。

不断优化的线网和专用路权让福建百姓公交出行更快捷。

厦门地铁1号线。

铸就世界强港

1985 年，国务院批准将厦门经济特区范围扩大到全岛。由此，厦门开启了以港兴城、港城协同的快速发展之路。从 20 世纪 80 年代末 90 年代初被定位为国际化风景旅游港口城市，到 2001 年后紧握中国加入世界贸易组织契机，迅猛发展港口码头集装箱业务，到 2017 年被确定为国家四大国际航运中心之一、东南国际航运中心，再到如今发展邮轮母港、邮轮经济，厦门抓住每一次港口发展的战略机遇期，并以此有力推动城市发展，深刻改变了城市面貌。

1982年8月，东渡港一号泊位投入使用。

厦门港。

厦门——东南航运中心。

新东渡——邮轮母港。

国网福建电力光耀八闽

新中国成立以后，在中国共产党的领导下，福建电力事业取得一个又一个辉煌成就。“十三五”期间，国网福建电力持续加快电网建设，累计完成电网投资 737 亿元，110 千伏及以上输电线路、变电容量分别增长 24%、39%，220 千伏变电站县域基本全覆盖，“全省环网、沿海双廊”500 千伏骨干电网更加完善，福厦基本建成世界一流城市配电网，全力保障全省清洁、安全、高效、可持续电力供应。

2014年12月，1000千伏浙北—福州特高压交流输变电工程正式投运，标志着福建电力进入特高压时代。

2015年12月17日，厦门±320千伏柔性直流输电科技示范工程正式投运，是当时世界上电压等级最高、输送容量最大且首次采用真双极接线的柔性直流输电工程。

福州夜景。

为民服务

“马上就办，办就办好”。1990 年，时任福州市委书记的习近平同志率先提出“马上就办”工作要求。新世纪伊始，福建省率先在全国推进服务型政府的建设。2000 年、2001 年、2002 年连续三年的政府工作报告中，都提出了强化政府的服务意识。30 余年来，自福州落地生根的“马上就办”精神理念引领着福建发展进程，“规范、便民、廉洁、高效”的服务理念已内化于心、外化于行。每一位政府工作人员都始终牢记，“人民政府的权力来源于人民，必须代表人民的利益，必须为人民谋福利，切不可忘记了政府前面的‘人民’二字”。

四下基层

1988 年，面对闽东地区落后面貌和群众脱贫致富的期盼，时任宁德地委书记习近平亲自推动宁德“四下基层”（信访接待下基层、现场办公下基层、调查研究下基层、宣传党的方针政策下基层）并形成风气。此后三十多年，“四下基层”作为一项工作制度和有效载体在福建得以继承和发扬。

市民重温习近平在宁德任地委书记期间，在霞浦县举办的地、县领导接待群众来访日情况汇报会上的讲话。

1999年1月，一起纠纷案在原、被告居住地云霄县和平乡东方村公开审理。

罗源县纪委信访工作人员在飞竹镇仓前村向村民了解信访举报问题。

福建莆田中级人民院法官“四下基层”送法进军营。

马上就办　真抓实干

1992年，时任福州市委书记习近平，提出“马上就办、真抓实干”。自此，“马上就办、真抓实干”在榕城大地蔚然成风，并在福建改革开放中发挥重要作用。多年来，全省各级各部门和广大党员干部传承弘扬这一优良作风，取得丰硕的实践成果。“马上就办、真抓实干”已经成为福建干部长期秉持的优良传统和弥足珍贵的精神财富。

福州市党政机关把“马上就办、真抓实干”作为工作的重要遵循。

福州市民服务中心。

1995年8月，新启用的厦门港联检报关中心集海关、边防、商检等多个机构的办事窗口于一体，方便办事人员一站解决报关审批手续。

平潭综合实验区于2013年12月在全省率先启动“一照一码”商事登记制度改革，并成为全国审批速度最快的改革先行区之一。

互联网+政务服务

2001 年，福建省作出统一建设全省政务信息网、开展信息资源整合与开发利用等具有前瞻性的规划部署，积极探索电子政务项目统建共享的建设模式，让公共服务走向集约化。经过 20 多年的发展，“互联网 + 政务服务”这一让“群众跑腿”变为“数据跑路”的服务管理新模式在福建遍地开花。福建省织就全省行政审批“一张网”，97% 的行政审批和服务事项都可以在网上办理，推行“一趟不用跑”和“最多跑一趟”的事项占比超过了 90%。经过多年探索和实践，福建在电子政务、数字经济、智慧社会等方面取得了长足进展。

1993年，福州市公安局建立电脑化指挥中心。

1996年，厦门交通信息指挥中心投入使用。

2002年1月16日，“数字福建”重点工程福建省政务信息网正式开通。

数字福建云计算中心。

全国首个“110”报警服务台

1990 年 8 月 1 日，110 报警台在漳州市芗城公安分局治安巡逻中队成立，其后“110 报警台”更名为“110 报警服务台”，走出了维护治安与服务群众并重的新路子。1996 年 8 月，公安部在福建省漳州市召开全国城市 110 报警服务台建设工作现场会，全面推广“漳州 110”“有警必接、有难必帮、有险必救、有求必应”的“四有四必”精神。会后，公安部下发《公安部关于向福建省“漳州 110”学习的决定》，掀起全国城市建设 110 报警服务台的高潮。习近平同志在福建工作期间，曾多次到“漳州 110”考察指导，并为“漳州 110”题词：“人民的保护神。”

全国城市110报警服务台建设工作漳州现场会会场。

110指挥中心运用“全球眼”保障交通畅通。

2021年1月10日，“漳州110”举行重温入警誓词仪式。

“漳州110”民警走进社区。

全国首个消费者投诉服务台

1996年5月2日，全国第一个消费者投诉服务台——漳州“12315”诞生。20多年来，漳州“12315”因时而生、因势而盛，为促进社会的和谐稳定、推进地方经济的高速发展作出突出贡献。“12315”也从漳州走向全国，成为政府部门打假维权、执政为民的响亮品牌。

就是这么一支队伍，凭借这样的装备，打出响彻全国的“315”品牌。

深夜受理消费者申诉举报。

第一时间赶往消费投诉现场。

推行诉调衔接，与法官一道深入农田为农民维权。

三明医改探索

自2012年2月起，三明在全市22家公立医院推行医改新模式，即“公立医疗机构硬件投入依靠政府，软件和日常管理依靠医院，降低医疗成本和提高运行效率依靠体制机制创新”，力求“让公立医院回归到公益性质，医生回归到看病角色，药品回归到治病的功能”。以公立医院改革为切入点，从群众反映最强烈的“看病难、看病贵”问题入手，实施医保、医疗、医药“三医”联动，持续深化医药卫生体制改革，取得显著成效，探索出一条“多方共赢”的医改路径，成为首批国家公立医院综合改革示范城市。三明医改模式还获得世界卫生组织和世界银行等关注与肯定。

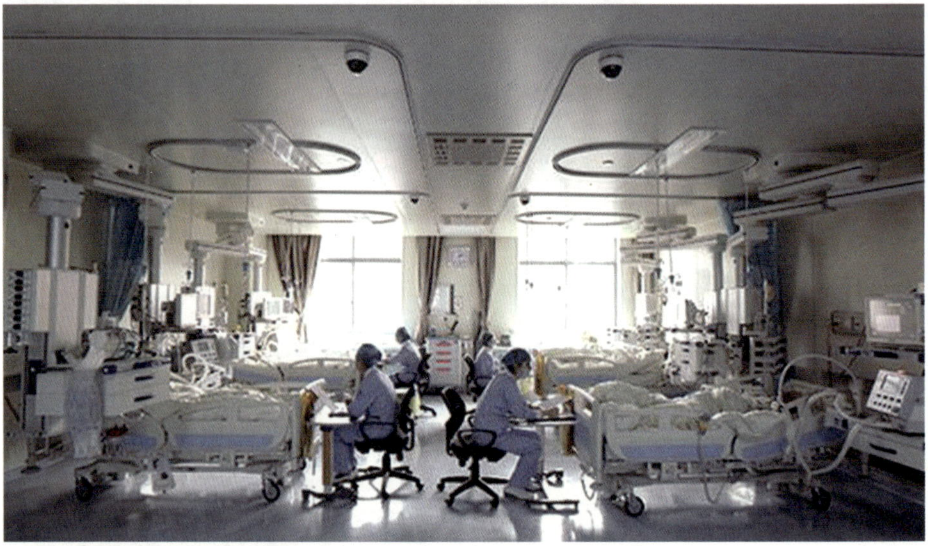

三明医护人员在病房工作。

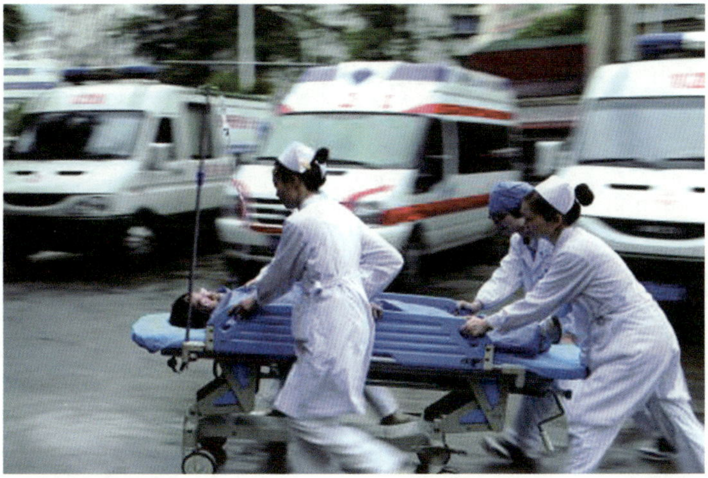

三明市第一医院双向转诊机制建立后，对基层转诊病人优先安排住院。

三明市第一医院医保办工作人员（右）向前来咨询药品报销问题的居民讲解相关政策。

三明市将乐县总医院漠源分院的医生进村为群众开展健康教育讲座。

医患纠纷的“南平解法”

2009 年，南平市在全省率先创立医患纠纷调处中心。目前已有行业性医患纠纷调解委员会 10 个、医患纠纷投诉调解室 40 余个，从事医患纠纷预防和调处的人员 1100 多个，建立起“党委政府统一领导、领导小组指导协调、部门协同配合、中心依法调处”的工作格局，医患纠纷处置步入法制化、规范化、常态化的轨道，有效地维护医患双方的合法权益，促进社会和谐稳定，被誉为医患纠纷“南平解法”。

南平市医患纠纷调解处理中心。

南平市医患纠纷预防和调处大型宣传活动启动仪式。

调处中心深入医院摸底排查。

成功调解，医患握手言和。

“菜篮子”工程

习近平同志任福州市委书记期间，规定市委、市政府每年至少要为福州市民做 20 件实事。其中，排在第一位的就是“菜篮子”工程。2021 年，习近平总书记在福州考察调研时，仍不忘叮嘱：建设好管理好一座城市，要把菜篮子、人居环境、城市空间等工作放到重要位置切实抓好。30 多年来，福州市委、市政府严格执行“菜篮子”市长负责制，始终把“菜篮子”工程建设抓实抓好，基地产品种类日益丰富，市场体系逐步完善，政府调控有力，价格相对平稳，“菜篮子”工程建设发展走在全国、全省前列。

1990年1月11日，福州某机关大院，家家户户用菜篮子代替排队，等待购买海鲜年货。

“一品一码”全程追溯机制使市民买得放心、吃得安心。

金融机构代表和市农业农村局农科专家实地考察了解福州琅岐果蔬新品育苗中心。

闽侯县南通镇泽洋村蔬菜成畦。

筑守“舌尖上的安全”

2001 年 2 月，新华社接连播发两条反映外省餐桌污染的报道。时任福建省省长习近平阅后，立即作出批示：“餐桌污染是一个事关人民群众身体健康和生活安全，关系我省农产品能否扩大国内外市场和不断增加农民收入的大问题，应引起我们的高度重视。”一场声势浩大的食品放心工程建设开始了，福建由此成为全国第一个全面治理餐桌污染的省份。自此，省委、省政府每年都将“治理餐桌污染、建设食品放心工程”列入为民办实事项目，一任接着一任干，福建食品安全工作形势不断向好。

2014年11月12日至13日，在厦门召开全国治理餐桌污染现场会议。

福建省市场监督管理局执法人员在超市检查商品相关信息。

每一种水果旁都有一个二维码供消费者查询。

2015年，福州市马尾区初步建成全国首个电子化可追溯水产品交易系统。图为马尾区市场监管局工作人员检查水产品上游信息及检测信息。

全力抗击新冠肺炎疫情

2020 年新冠肺炎疫情发生以来，福建省坚决贯彻习近平总书记重要讲话重要指示批示精神，全面落实“坚定信心、同舟共济、科学防治、精准施策”总要求，坚持人民至上、生命至上，全力救治每一位病患者；坚持命运与共、同舟共济，派出最强的力量驰援武汉、宜昌；坚持统筹兼顾、协调推进，帮助企业破解“五难”问题，扎实做好“六稳”工作、全面落实“六保”任务；坚持全面动员、全民参与，发挥基层党组织战斗堡垒作用和广大党员先锋模范作用，党旗在防控疫情斗争第一线高高飘扬。

2020年1月27日上午，福建第一批135名医务人员奔赴湖北武汉支援。

2021年9月23日晚，厦门市同安区疫情防控指挥部召集6支消毒队伍共计150人，奔赴全区18个封控区开展集中消毒作业。

2020年6月9日，福建省档案馆举行疫情防控档案捐赠仪式。

福州在全省首推行政审批“秒批”服务，提速复工复产。

脱贫攻坚

消除贫困、改善民生、逐步实现共同富裕，是社会主义的本质特征，是我们党的重要使命。改革开放以来，特别是党的十八大以来，福建认真贯彻落实习近平同志关于扶贫的重要论述和中央决策部署，大力发扬“弱鸟先飞、滴水穿石、久久为功”精神，聚焦全面小康目标，全面实施精准扶贫、精准脱贫，深入开展脱贫攻坚，探索走出了一条特色鲜明的脱贫攻坚之路。习近平总书记早年在福建工作期间的扶贫探索与实践，是中国精准扶贫、精准脱贫方略和思想的重要发源，是决胜脱贫攻坚的宝贵经验，也是习近平新时代中国特色社会主义思想的重要来源。

下党乡的精准扶贫

1988 年，寿宁县下党建乡时，贫困率达到 70%，是福建省唯一无公路、无自来水、无电灯照明、无财政收入、无政府办公场所的“五无乡镇”，也是习近平总书记一直牵挂的地方。在福建工作期间，他曾“三进下党”调研指导扶贫工作。在习近平总书记的长期关怀和亲自推动下，下党乡持续奋斗，发扬“滴水穿石”“弱鸟先飞”精神，走出一条融党建促扶贫、定制促扶贫、旅游促扶贫、品牌促扶贫、金融促扶贫为一体的精准扶贫之路。2019 年 8 月 4 日，习近平总书记给下党乡的乡亲们回信，祝贺他们实现了脱贫，希望他们努力走出一条具有闽东特色的乡村振兴之路。2021 年 7 月 6 日，下党乡作为中国共产党与世界政党领导人峰会的分会场之一，向世人呈现中国共产党带领中国人民脱贫奔小康的伟大实践和丰硕成果，深刻揭示了减贫的“中国密码”。

寿宁县下党乡夜景。

下党乡旧貌。

下党乡新面貌。

奔向小康的“中国扶贫第一村”

1984 年 6 月间，一封《穷山村希望——实行特殊政策治穷致富》的来信在人民日报上发表，反映福鼎县（1995 年撤县设市）赤溪村下山溪自然村 22 户畲民贫困的生活状况。由此，贫困地区引发社会的广泛关注。同年 9 月 29 日，中共中央、国务院发出《关于帮助贫困地区尽快改变面貌的通知》，全国性的脱贫攻坚工作拉开序幕。由此，赤溪村便有了“中国扶贫第一村”的称号。30 多年来，赤溪村历经“输血”式就地扶贫、“换血”式搬迁扶贫、“造血”式“旅游 + 产业”扶贫的探索实践，走出一条“旅游富村、农业强村、文化立村、生态美村”的脱贫路。2016 年 2 月 19 日，习近平总书记在与赤溪村干部和村民代表视频连线时指出：“我在宁德讲过‘滴水穿石’‘久久为功’‘弱鸟先飞’，你们做到了。”

中国扶贫第一村——赤溪村。

20世纪80年代，赤溪村下山溪自然村群众居住的茅草屋。

赤溪村新貌。

赤溪村长安新街。

造福工程

在宁德工作期间，习近平同志倾力推动发展基础和条件较差的贫困村、受灾村、草房村（户）搬迁工作，这一为民惠民之举，被老百姓亲切地称为“造福工程”。福建省委、省政府连续27年将造福工程作为为民办实事项目，全省累计搬迁170多万人，整体搬迁7300多个自然村。如今的造福工程，早已超越“一方水土养不活一方人”的范畴，惠及受地质灾害威胁农户、因遭受自然灾害房屋倒塌和损毁农户、居住在江河源头和自然保护区及生态保护区需搬迁农户等。除了解决住房问题，易地搬迁也与新型城镇化、产业发展、完善公共服务、生态修复、乡村振兴相结合，内涵不断延伸。

福鼎柏洋村群众20世纪80年代居住的老屋。

福鼎柏洋村新貌。

福鼎柏洋村永和文化公园。

2003年兴建的柏洋村工业小区。

连家船民上岸

曾经，沿海、沿江、沿河，住着万千连家船民。一条破败不堪的小木船，既是生产活动的场所，也是世代生活的家。1997 年，在时任福建省委副书记习近平的推动下，连家船民上岸问题被列为福建省脱贫的重要任务。习近平同志在全省“造福工程”暨连家船民上岸定居现场会上指出：“我们不要把连家船渔民上岸作为一般的事情来做，人上岸容易，政府可以花钱帮助盖房子，把人拉上来。最关键的是要解决他们上岸后的生计问题，从前他们在船上靠运输、捕鱼为生，上岸以后要给他们安排好维持生计的工作，让他们能够‘住下来、稳下来、富起来’才行。”至 2014 年，宁德所有连家船民全部上岸、搬入新居，结束了长期海上漂泊的历史。在此过程中，各级党委、政府不但无偿解决连家船民上岸后的建房用地，而且从后续的生产发展、日常生活上实行全方位帮扶，让“上无片瓦，下无寸铁”被称为“海上吉普赛人”的连家船民群体全部上岸。

1984年，海上漂泊，祈盼脱贫。

1998年，结束漂泊，上岸定居。

2008年，发展养殖，脱贫增收。

2018年，人变家变，添财添丁。

茅草屋改造

习近平同志担任福建省委副书记期间，高度重视闽东部分少数民族群众的住房问题，多次召集有关部门商讨解决办法，并深入闽东的福鼎、霞浦等地调研，形成专题调研报告，建议进一步把闽东民族居住区的脱贫致富奔小康工作作为重点，在政策、资金等方面给予扶持。根据习近平同志的调研报告，省委省政府决定，从 1998 年开始，把茅草房改造和连家船民上岸定居，列为造福工程的重要组成部分开始实施。

20世纪80年代，宁德部分偏远山村群众居住的茅草屋。

美丽整洁的村庄新貌。

宁德福安市东山村畲族文化长廊。

南平机制

2002 年，时任福建省委副书记、省长习近平到南平调研时，亲自总结提升“抓好一个班子、找好一条路子、建好一个机制、打好一个基础”的农村工作机制，即“南平机制”。历经近 20 年探索创新，“南平机制”为推动高质量发展、实现赶超和绿色发展提供了坚强的组织保证，其中下派村支书、科技特派员等经验做法在全国推广。

科技特派员高允旺在田间为农民指导竹荪栽培技术。

邵武市科技局和农业局的科技特派员来到和平古镇，了解当地农业发展现状、需求，并提出建议。

下派干部驻村帮扶备受村民欢迎。

武夷山市兴田镇大渚村驻村第一书记与村民在田间查看蔬菜长势。

闽宁协作

1996 年 5 月，国务院在京召开扶贫协作会议，确定福建对口帮扶宁夏。10 月，福建省成立以习近平为组长、19 个省直机关为成员单位的福建省对口帮扶宁夏领导小组。多年来，闽宁两省区党委、政府咬定“今日的干沙滩，明日要变成金沙滩”的目标不放松，一届接着一届干，走出了山海牵手、东西部协作的新路，提供了脱贫攻坚“扶真贫真脱贫”的样本。

福建援建的闽宁镇中心小学。

宁夏隆德县六盘山工业园区。

福建专家林戎斌在宁夏海原县查看食用菌种植情况。

宁夏青年陈满库2018年进入福建飞毛腿公司工作，现已成长为生产组负责人。

宁夏隆德县沙塘镇清泉生态移民新村。

侨台情缘

1979年1月1日，全国人大常委会发表《告台湾同胞书》，提出解决台湾问题实现祖国和平统一的基本方针和政策，两岸和平发展的大门由此开启。40多年来，闽台交流合作成果显著。福建成为台商投资大陆的重要聚集地，福建是全国最大的海峡两岸农业合作试验区，福建从首开两地往来先河到成为台胞台企登陆的第一家园。

无论在过去、现在和将来，福建籍华侨华人始终以民族大义为重，抵制各种反华势力，维护中国的统一和尊严。随着共建“一带一路”倡议的提出，新一代闽商也正继承前人的气魄，在新丝路上不断踏出自己的印迹，为构建人类命运共同体、增进不同文明交流互鉴默默耕耘。

闽台通邮通电

1981年10月7日，为贯彻执行叶剑英委员长进一步阐明的台湾回归祖国、实现和平统一的方针政策，国家邮电部作出了六项决定，准备随时与台湾通邮、通电。同月，福建省邮电管理局作出与台湾通邮通电的三项决定：一是建议开辟厦门—金门和连江—马祖的海上邮路，双方直接交换邮件，开通福、厦到台湾各城市的报话业务。二是发台湾的报话都优先拍发、接续，邮件及时经转；凡台湾发来的电报迅速递送，长话千方百计接通，邮件迅速准确投递，保证邮电通信自由。三是欢迎台湾邮电界来闽参观访问，交换邮电技术，加强业务联系。

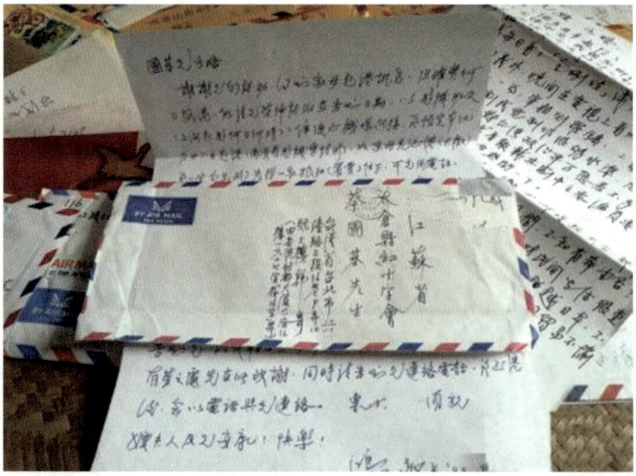

早期福建与台湾通邮信件。

2008年12月15日，福州、厦门成立与台湾地区通邮的邮件封发局，开通两岸直接平常和挂号函件业务。图为出生在台湾的郑坚老先生在两岸直接通邮仪式上投出寄往台湾的家书。

2008年12月15日，全面开办海峡两岸邮政业务及邮政汇兑业务启动仪式在福州举行。

两岸关系“破冰”

1987 年 9 月 24 日至 27 日，台湾《自立晚报》记者到厦门参观采访，创下台湾媒体首度突破禁令赴陆采访的纪录。1987 年 10 月 15 日，台湾当局通过《台湾地区民众赴大陆探亲办法》，正式宣布，自 12 月 1 日起，台湾民众可赴大陆探亲。10 月 16 日，国务院即公布《关于台湾同胞来大陆探亲旅游接待办法的通知》。两岸隔绝状态打破后，两岸尤其是闽台人员往来迅速发展，从无到有、由暗转明、由浅入深，涓涓细流汇成了滚滚洪流。

1987年12月26日，厦门和平码头上，台胞蔡先生在人头攒动的欢迎人群中一眼认出50多年未见面的姐姐蔡秀珍，亲人相见，抱头痛哭。

20世纪90年代初台湾同胞回乡探亲，当时大陆物质缺乏，回乡的台胞都带回不少物品。

1987年开放大陆探亲首日，大批人潮争相申请。

1988年1月20日，由台湾“外省人返乡探亲促进会”组织的第一个台湾返乡探亲团登上长城。

金门协议

1990 年 9 月，海峡两岸红十字组织代表在金门会谈，就双方参与见证海上遣返事宜举行工作商谈，经充分交换意见后，达成“金门协议”。双方本着切实解决问题、回避政治分歧的务实精神，就遣返的原则、对象和遣返程序等方面做了明确规定。“金门协议”是 1949 年以来，海峡两岸分别授权的民间团体签订的第一个书面协议。

2010年9月，《金门协议》签署20周年纪念活动举办。

1991年8月24日，经中国红十字会等与台湾海基会商谈，被台方扣押的“闽狮渔号”渔民安全返回厦门。

1997年5月14日，大陆警方和红十字组织依照“金门协议”，遣返劫机来大陆的台湾劫机嫌疑犯刘善忠，开了两岸相互遣返劫机犯的序幕。

两岸“三通”核心通道作用

1992 年 3 月，福建提出“两门对开、两马先行”的两地直接往来构想，2001 年福建沿海地区与台湾金马地区直接往来航线正式开通，2008 年台湾海峡北线空中双向直达航路正式开通启用。积极推动两岸全面“三通”、发展闽台经贸合作是福建省的一贯方针，经过多年努力，福建已成为两岸综合交通枢纽和海丝核心战略通道，形成完备的海陆空运输通道网络。

1992年7月，厦台两地航空、旅行业者联合开通了“台北一马尼拉一厦门”航线，采用换航班号不换机的模式，由台北经停马尼拉，再由马尼拉飞至厦门。

2001年1月2日，搭载着180名金门民众的“太武号”客轮，缓缓驶过鼓浪屿。当天，金门籍客轮“太武号”和“浯江号”自金门料罗港抵达厦门和平码头，完成金门与厦门的首航，重启52年来两岸的海上直航。

2008年12月15日，海峡两岸海上直航全面启动，福州、厦门、泉州口岸共10艘船舶参与直航首航，其中“金海缘”轮成为大陆首艘抵台货轮。

贯穿台湾—平潭—欧洲的“台平欧”海铁联运列车2015年11月3日正式开行首列，列车行程1.1万公里左右，跨越亚欧大陆，从新疆阿拉山口出关，最终抵达德国汉堡。

海峡论坛搭建两岸民间交流新平台

2009 年 5 月 15 日至 22 日，在已举办三届的海峡西岸经济区论坛基础上发展扩大并更名的首届海峡论坛在厦门、福州、泉州、莆田等地隆重举行。此后，海峡论坛秉持“两岸一家亲”理念，延续“扩大民间交流、深化融合发展”主题，以“民间性、草根性、广泛性”为定位，成为迄今为止两岸参与机构最多、活动规模最大、涉及范围最广、民间色彩最浓的两岸交流嘉年华，为两岸基层民众搭建了一个面对面交流的广阔舞台，成为维系两岸民间持续交流互动，强化两岸基层民众相互认同的重要平台。

2009年5月17日，首届海峡论坛大会在厦门海峡会议中心举行。

2013年6月，第五届海峡论坛期间，首次举办闽台“同名村、心连心”联谊活动周，两地19对同名村签约结对子。

2017年6月17日，来自海峡两岸的百位新人在厦门第九届海峡论坛活动中举行集体婚礼。这是海峡论坛首次举办两岸百位新人集体婚礼。

2019年6月，第十一届海峡论坛上，首次举办“台湾人才登陆第一家园论坛暨闽台人才融合发展成果展”。

两岸一家亲，共饮一江水

2018 年 8 月 5 日上午 10 点，福建向金门供水工程正式通水，“两岸一家亲，共饮一江水”愿景成为现实。金门供水工程自福建晋江龙湖水库向金门地区供水，设计日供水量可达 5.5 万立方米，输水线路总长 27.94 公里。这是金门发展史上的一件大事、喜事，也是两岸同胞共同庆贺的一件大事、喜事，更为两岸关系史增添了同胞情谊水乳交融的又一佳话，充分体现出福建为广大台湾同胞谋福祉的担当作为。

2018年8月5日10时02分，晋江水从田埔水库受水口涌出，映射出美丽的彩虹。

福建向金门供水工程取水地——晋江龙湖。

海内外金门同胞喜迎好日子。

2006年2月21日至22日，金门供水工程海域环境调查两岸成果对接协调会在福州召开。

台胞台企登陆的第一家园

2019 年，习近平总书记在参加十三届全国人大二次会议福建代表团审议时强调，两岸要应通尽通，努力把福建建成台胞台企登陆的第一家园。福建省深入贯彻落实习近平总书记关于对台工作的重要论述，出台《关于探索海峡两岸融合发展新路的实施意见》，着力在海峡两岸融合发展上先行先试、闯出新路。

2019年6月16日，大陆首张台胞专属信用卡在厦门推出。

2019年7月10日，大陆首家台胞医保服务中心——莆田市涵江区台胞医保服务中心揭牌仪式在涵江医院举行。

2020年8月15日，第八届海峡青年节集中活动在福州市正式启动。

2021年12月1日，闽台青年乡建乡创驿站授牌仪式。

华侨情永传扬

福建是全国著名侨乡，海外华侨华人有1580多万人，遍布全球188个国家和地区。改革开放以来，他们为福建的发展做出了不可磨灭的贡献。福建对外开放的诸多“第一”都是从“侨”开始的：第一个由侨胞创建的国家级开发区——福清融侨经济技术开发区，第一家中外合资银行——厦门国际银行……这一个个“第一”，体现了海外闽籍乡亲热心家乡建设与发展的爱国之情，代表了千千万万海外赤子的拳拳之心。

1985年8月，全国首家中外合资银行厦门国际银行成立。

2012年福建省侨商联合会成立仪式上，华侨慷慨捐资成立福建侨心公益基金。

2018海外华商中国投资峰会作为2018国际投资论坛的重要活动之一在厦门国际会议中心举行。华商围绕“侨商与改革开放40周年回顾与展望——圆梦中国‘心’力量”的主题，开展交流研讨。

1987年，福清籍侨领林绍良、林文镜倡导创办全国唯一以“侨”命名的福清融侨开发区。

闽商力量创造新辉煌

新中国成立以来，闽商以“敢为天下先、爱拼才会赢”的闯劲，冲破束缚、创造财富，成为享誉海内外的地域商人群体，他们恋祖爱乡、回馈桑梓，为祖国发展贡献了巨大力量。自 2004 年首届世界闽商大会在福建福州举办以来，每三年一届的世界闽商大会已连续举办七届，成为弘扬闽商精神、汇聚闽商力量、促进福建对外开放、推进福建高质量发展的重要平台。

首届世界闽商大会2004年5月17日在福州开幕。

第四届闽商大会表彰一批闽商代表。

第七届世界闽商大会现场，50个重大产业项目现场集中签约。

文化篇

八闽大地，文化底蕴深厚。红色文化、海洋文化、闽都文化、客家文化、朱子文化、妈祖文化、船政文化……多姿多彩，蓬勃发展。在全面建成小康社会道路上，福建省坚持马克思主义在意识形态领域的指导地位，坚定文化自信，坚持以社会主义核心价值观引领文化建设，围绕举旗帜、聚民心、育新人、兴文化、展形象的使命任务，讲好福建故事，大力实施文化强省战略，不断加强公共文化基础建设，创新公共文化服务方式，加强文化遗产保护，繁荣文化艺术创作，不断增强文化软实力，让文化阳光遍洒城乡，让文化雨露滋润人心，文化小康建设步履铿锵、精彩纷呈。

传承保护

保护利用好文化遗产，建设优秀传统文化传承体系，弘扬中华优秀传统文化，让人民享有健康丰富的精神文化生活，是全面建成小康社会的重要内容。保护利用好文化遗产，不仅是社会主义文化强国建设的重要支撑，而且贡献于政治建设、经济建设、社会建设和生态文明建设，加强遗产保护和利用，是全面建成小康社会的必然要求。福建省将中华民族优秀传统文化传承保护与美丽乡村建设、农耕文化保护、城市建设、旅游产业发展相结合，保护文化传统，守住文化根脉，创新文化发展，推动中华优秀传统文化走向现代、融入生活，为全面小康注入新的活力，真正实现了文化优势转化为“小康力量”。

世界记忆遗产：侨批档案

2020 年 10 月 13 日，习近平总书记在汕头考察调研参观侨批文物馆时强调：“侨批”记载了老一辈海外侨胞艰难的创业史和浓厚的家国情怀，也是中华民族讲信誉、守承诺的重要体现。要保护好这些“侨批”文物，加强研究，教育引导人们不忘近代我国经历的屈辱史和老一辈侨胞艰难的创业史，并推动全社会加强诚信建设。“侨批”是海外华侨华人寄给国内眷属的汇款和书信的合称（“批”是福建、广东等地方言对书信的称呼），又称“银信”。据史料记载，早在 18 世纪 80 年代（清乾隆年间）就有相关侨批的记录，在清末民国时期侨批最为盛行，直至 20 世纪 70 年代归口中国银行管理，侨批终成历史。目前，侨批集中分布在福建和广东侨乡，两地保存的侨批档案文献有 20 万件之多。侨批档案内容丰富、种类繁多、系统完整，包括来批封、回批封、汇票，水客、批局、商号、银行、邮政等侨批业经营者以及政府监管所形成的相关档案文献。2013 年 6 月，“侨批档案”成功入选《世界记忆名录》。2021 年 10 月 13 日，福建省人民政府发布《福建省侨批档案保护与利用办法》，进一步规范福建省侨批档案保护、利用和开发，为侨批档案工作可持续和高质量发展注入内生动力。

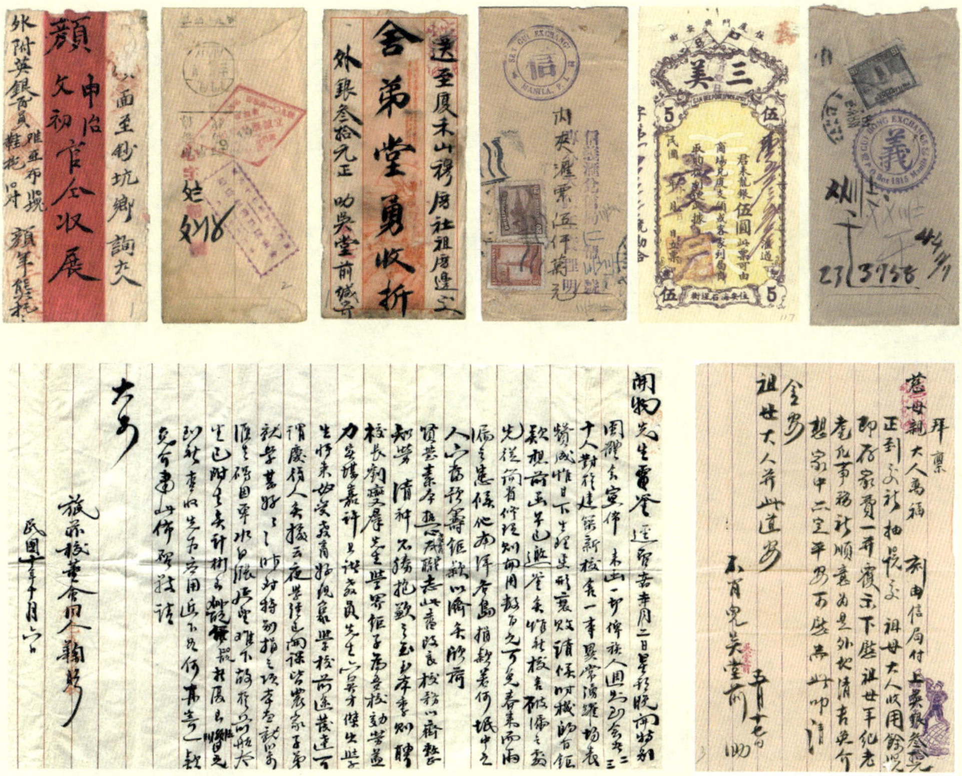

福建省档案馆馆藏侨批档案。

UNESCO
United Nations Educational, Scientific and Cultural Organization
Memory of the World

UNITED NATIONS EDUCATIONAL, SCIENTIFIC AND CULTURAL ORGANIZATION

Certifies the inscription of

Qiaopi and Yinxin: Correspondence and Remittance Documents from Overseas Chinese

Fujian Provincial Archives
(Institution)

Fuzhou City (Town) *People's Republic of China* (Country)

ON THE MEMORY OF THE WORLD INTERNATIONAL REGISTER

18 June 2013 (Date)

Irina Bokova
Director-General, UNESCO

2013年6月，“侨批档案”成功入选《世界记忆名录》。

2013年6月，福建省档案局（馆）在泰国曼谷举办侨批文化宣传推广活动。

2016年9月，来自泰国、越南、菲律宾、新加坡、马来西亚、美国等25个国家和地区的闽籍海外侨胞走进福建省档案馆，参观“百年跨国两地书——福建侨批”展览。

2016年12月和2017年6月，由国家档案局和印尼国家档案馆主办、福建省档案馆协办的“中印尼社会文化关系档案展”分别在雅加达和北京展出，观众驻足观看。

2018年11月6日至8日，丝绸之路文献遗产保护和利用国际研讨会暨世界记忆项目福建学术中心成立仪式在福州举行。

2018年11月，世界记忆项目福建学术中心揭牌仪式在福建省档案馆举行。

八闽世遗 璀璨夺目

国家主席习近平致第44届世界遗产大会的贺信指出：世界文化和自然遗产是人类文明发展和自然演进的重要成果，也是促进不同文明交流互鉴的重要载体。保护好、传承好、利用好这些宝贵财富，是我们的共同责任，是人类文明赓续和世界可持续发展的必然要求。福建三面环山、一面向海，自然景观奇特瑰丽，有山海画廊之美誉。亚热带季风气候条件优越，生物多样性、丰富度位居全国前列，经过亿万年造化演变而成的山川河流、生态地貌多姿多彩、极富魅力。福建历史悠久，地域文化多元并存、极富特质，是全国世界文化遗产较多的省份。早在福建工作期间，习近平同志就对福建文化和自然遗产保护以及申报世界遗产工作倾注了巨大心力，在他的积极推动下，福建现拥有武夷山文化和自然遗产、福建土楼、中国丹霞（泰宁）、“鼓浪屿：历史国际社区”、“泉州：宋元中国的海洋商贸中心”5项世界遗产。

1999年12月1日，武夷山作为自然与文化双重遗产被联合国教科文组织列入《世界遗产名录》，成为迄今为止中国仅有的4个文化与自然双重遗产之一。图为武夷山世界文化与自然遗产核心区。

福建武夷山朱熹园是以纪念南宋著名理学家朱熹为主题的纪念馆。图为武夷精舍。

2008年7月6日，永定、南靖、华安三县“六群四楼”以“福建土楼”名义被联合国教科文组织列入《世界遗产名录》。图为福建土楼标志性建筑南靖县田螺坑土楼群。

华安县大地土楼群二宜楼。

2017年7月8日，“鼓浪屿：历史国际社区”被联合国教科文组织列入《世界遗产名录》。图为鼓浪屿全景。

厦门鼓浪屿拥有包括传统闽南建筑、西方古典复兴建筑和殖民地外廊式建筑等中外风格各异的建筑物，有“万国建筑博览”之称。图为厦门鼓浪屿近代建筑——八卦楼。

2010年8月2日，中国丹霞（泰宁）世界自然遗产被联合国教科文组织列入《世界遗产名录》，大金湖便是泰宁世界自然遗产的重要组成部分。

2021年7月25日，“泉州：宋元中国的世界海洋商贸中心”被联合国教科文组织列入《世界遗产名录》。图为泉州古城东西塔。

多彩非遗 匠心传承

非物质文化遗产是一个国家和民族历史文化成就的重要标志，是优秀传统文化的重要组成部分。福建非物质文化遗产资源丰富，列入联合国教科文组织非物质文化遗产名录（名册）的项目共有 8 项，是全国迄今在国际非遗保护三个系列上获得大满贯的唯一省份。全省现有国家级非遗代表性项目 145 项、代表性传承人 143 人、文化生态保护（实验）区 2 个。纳入省、市、县区级管理的非物质文化遗产项目众多。2019 年 3 月 28 日，福建省第十三届人民代表大会常务委员会第九次会议通过并公布《福建省非物质文化遗产条例》，非物质文化遗产保护的政策法规更加健全科学，非遗的生命力和影响力日益增强。

2009年，南音入选联合国教科文组织“人类非物质文化遗产代表作名录”。图为泉州南音表演。

2009年，妈祖信俗入选联合国教科文组织“人类非物质文化遗产代表作名录”。图为海峡两岸海上祭妈祖大典在莆田市湄洲岛鹅尾山青浦澳口举行，两岸20多个妈祖宫庙的信众和当地渔民、海内外近万名游客一起参加海祭大典。

2009年，中国剪纸入选联合国教科文组织“人类非物质文化遗产代表作名录”。图为漳浦剪纸非遗传承人高少萍在创作。

2009年，中国传统木结构营造技艺入选联合国教科文组织“人类非物质文化遗产代表作名录”。图为福建闽南传统民居。

2009年，中国木拱桥传统营造技艺入选联合国教科文组织“急需保护的非物质文化遗产名录”。图为始建于南宋理宗年间的千乘桥。

2010年，水密隔舱福船制造技艺入选联合国教科文组织“急需保护的非物质文化遗产名录”。图为2021年1月13日，福建泉州泉港区峰尾镇采用国家级非物质文化遗产水密隔舱工艺并按1：1的比例复原修造的仿明代福船成功试航。

2012年，泉州木偶戏成功入选联合国教科文组织“保护非物质文化遗产优秀实践名册”，成为全球10项优秀实践名册项目之一，也实现了中国在联合国教科文组织优秀实践名册项目零的突破。

2020年，“送王船——有关人与海洋可持续联系的仪式及相关实践”入选联合国教科文组织“非物质文化遗产代表作名录”。

三坊七巷·福州历史文化名城

2021 年 3 月习近平总书记在福州考察时强调：保护好传统街区，保护好古建筑，保护好文物，就是保存了城市的历史和文脉。对待古建筑、老宅子、老街区要有珍爱之心、尊崇之心。岁月不居，古老坊巷，文脉悠悠。当年正是在时任福州市委书记习近平同志的重视和推动下，福州这座国家历史文化名城才得以在发展中得到保护，在保护中得到发展，如今正焕发愈加夺目的时代光彩。一片福州三坊七巷，半部中国近代史。位于福州市中心的三坊七巷，起于晋，成于唐五代，至明清鼎盛，古老的坊巷格局至今仍保存完整，是中国都市仅存的一块“里坊制度的活化石”。坊巷内至今仍保存着 200 余座明清古建筑，其中全国重点文物保护单位有 15 处，省、市级文保单位和历史保护建筑数量众多，是一座不可多得的“明清古建筑的博物馆”。三坊七巷自古崇文重教、人杰地灵，千百年来尤其是近代，一批批智者先贤前赴后继，书写了“开风气之先，谋天下永福”的辉煌，被誉为“近现代名人的聚居地”，林则徐、沈葆桢、严复、陈宝琛、林觉民、林旭、冰心、林纾等大批对当时社会乃至中国近现代进程有着重要影响的人物皆出自于此，使得这块热土充满了特殊的人文价值和不散的灵性及才情，成为福州的骄傲。

三坊七巷，环境优美，人杰地灵，是福州的历史之源、文化之根。2009年三坊七巷入选首批“中国十大历史文化名街”，2012年入选中国世界文化遗产预备名单，2015年成为国家AAAAA级旅游景区，并荣获联合国教科文组织颁发的亚太地区文化遗产保护奖。

三坊七巷内有众多名人故居和著名建筑物，其中沈葆桢故居、林觉民故居、严复故居、欧阳氏民居、小黄楼、林聪彝故居、二梅书屋、陈承裘民居、叶在琦民居、水榭戏台等十多处经典建筑被国务院公布为全国重点文物保护单位。图为林觉民冰心故居，现辟为《林觉民生平事迹》展馆和《冰心与福州》展馆。

清道光二十四年（1844年），福州港作为“五口通商”口岸之一，正式开埠。上杭街、下杭街一带商业、金融业日趋繁荣，商铺、钱庄林立，成为福建省内著名的商贸区域。上下杭、双杭随之名闻海内外。

西禅寺，又名长庆寺，位于福州西郊怡山，为福建五大禅林之一。图为西禅寺美景。

“南方周口店”：万寿岩遗址

船帆洞发现的人工石铺地面，属国内首次发现，在世界范围内亦属少见。

北有周口店，南有万寿岩。在福建省三明市三元区岩前镇岩前村西北约1公里处，一座石灰岩孤峰兀然挺立。这就是国内罕见的史前遗存万寿岩遗址。万寿岩遗址的发现，把古人类在福建活动的历史提前到距今约18.5万年，还将举世罕见的史前人工石铺地面展露于世，也为研究闽台史前文化渊源提供了实物证据。然而，20年前，一声声“轰隆隆”的采矿爆破声，差点将其永远掩埋。关键时刻，时任福建省委副书记、福建省代省长习近平作出重要批示：“保护历史文物是国家法律赋予每个人的责任，也是实施可持续发展战略的重要内容。万寿岩旧石器时代洞穴遗址作为不可再生的珍贵文物

三明万寿岩旧石器时代遗址位于三明市三元区岩前镇岩前村西北的石灰岩孤峰上，入选2000年“全国十大考古新发现”。图为万寿岩全景。

资源，不仅属于我们，也属于后代子孙，任何个人和单位都不能为了谋取眼前或局部利益而破坏全社会和后代的利益。”终于力挽狂澜，守住了这份中华文明的远古记忆。万寿岩遗址被列为 2000 年度“全国十大考古新发现”之首。2001 年，万寿岩遗址被列为全国重点文物保护单位。2006 年，这里建成全省首座旧石器时代专题博物馆。2017 年 12 月万寿岩国家考古遗址公园挂牌成立，成为目前福建省唯一一处国家考古遗址公园。

万寿岩遗址前的复原古人类雕塑。

保护革命文物 传承红色基因

2021 年 4 月，习近平总书记关于革命文物作出重要指示：革命文物承载党和人民英勇奋斗的光荣历史，记载中国革命的伟大历程和感人事迹，是党和国家的宝贵财富，是弘扬革命传统和革命文化、加强社会主义精神文明建设、激发爱国热情、振奋民族精神的生动教材。2021 年 3 月，习近平总书记在福建考察时指出：福建是革命老区，党史事件多、红色资源多、革命先辈多，开展党史学习教育具有独特优势。福建省委、省政府高度重视红色文化保护、传承和弘扬工作，积极推动《福建省红色文化遗存保护条例》立法和《福建省文物保护管理条例》修订工作，在全国首开地方立法先例。同时强化全面系统保护，重点实施古田会议旧址群、中央苏区毛泽东调查研究之路、中央红军长征、中央红色交通线等精品红色文化线路整体保护工程，打造“古田会议丰碑、调查研究模范、万里长征起点、红色交通线”四大红色文化品牌，革命旧址成为“革命传统的教育基地、党风建设的展示基地、干部教育的培训基地、摆脱贫困的实践基地”。

1929年12月召开的中国共产党红军第四军第九次代表大会（即古田会议）确立思想建党、政治建军原则，实现人民军队浴火重生、凤凰涅槃。2014年10月在古田召开的全军政治工作会议上，习近平在讲话中阐明新的历史条件下党从思想上政治上建设军队的重大问题，引领全军重整行装再出发。图为古田会议旧址群之古田会议会址。

土地革命战争时期，毛泽东三次到才溪调查研究，总结典型经验，写出了《才溪乡调查》，以雄辩的事实证明在战争环境下也能进行经济建设。才溪乡在政权等各方面建设成绩显著，成为全苏区第一个光荣的模范。图为毛泽东才溪乡调查会址。

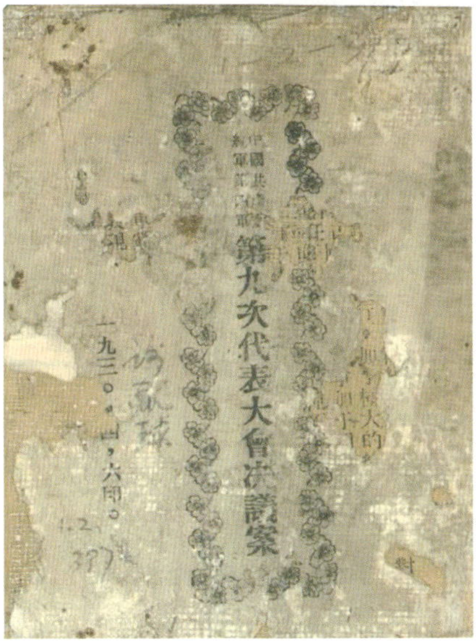

福建省档案馆馆藏1930年4月6日中共福建省委翻印的《中国共产党红军第四军第九次代表大会决议案》。

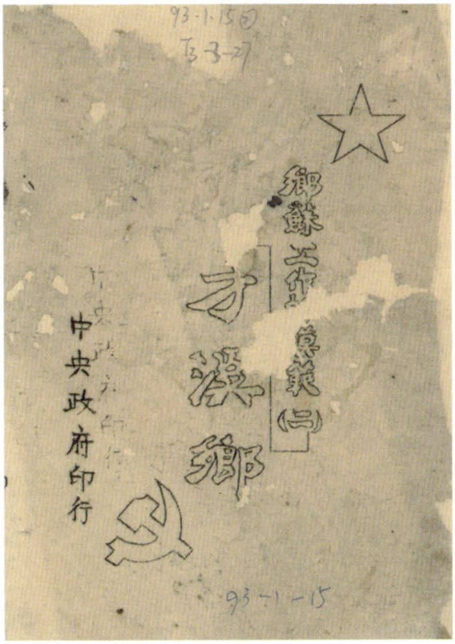

福建省档案馆馆藏1933年11月毛泽东著《乡苏工作的模范（二）——才溪乡》（即《才溪乡调查》）。

1934年，松毛岭保卫战撤下的中央红军第九军团从中复村等地出发，开始长征。图为中复村观寿公祠。

1934年10月，中央红军三军团一部和少共国际师从宁化出发开始长征。图为宁化县淮土镇凤凰山红军长征出发地旧址。

土地革命战争时期，中共中央开辟了一条由上海经香港、汕头、大埔、永定、上杭、长汀到达江西瑞金的交通线。它不仅传送着党中央与苏区的往来文件，运送苏区急需的物资和经费，而且完成了党的中央机关由上海到中央苏区的大转移，安全护送一大批党、政、军负责同志到达中央苏区，被誉为苏维埃共和国“血脉”。图为中央红色交通线旧址之伯公凹主体建筑。

1930年10月，中共闽西特委在永定虎岗组建闽西工农武装交通站。1931年，中共中央交通局将其作为中央红色交通线的交通大站，1932年1月，永定交通大站从虎岗搬到金砂古木督永昌楼。中央红色交通线永定交通大站，管辖着周边沿线众多的中站、小站，为当年党中央和中央苏区之间传递信息、护送人员、运送物资发挥了不可替代的作用。

文化交流

国之交在于民相亲，民相亲在于心相通。文化交流对民心相通、文化相融，乃至世界和平发挥着重要作用。中国融入世界，不仅需要加强政治、经济、军事的对外交往，更需要加强文化对外交往，搭起让各国人民了解、享受、欣赏中国文化的桥梁与纽带。福建发挥海丝、华侨、对台等资源优势，深化与“一带一路”沿线国家及对台港澳交流，海丝国际艺术节、丝绸之路国际电影节、世界客属垦亲会、福建文化宝岛行、福建文化海外驿站……展示了福建文化品牌，在文化交流中讲好中国故事，阐释好中国特色，让世界听到听清听懂中国声音，不断提升中华文化感召力、影响力。

鼓岭故事：中美民间交流典范

100 多年前，福州的鼓岭上生活着许多西方人士，他们办学校、开邮局、建教堂，传授医学、教育……使鼓岭成为一个“万国文化”的大观园。这些西方人士在鼓岭留下了生活的轨迹，也留下了许多美好的故事。1901 年，美国人加德纳随身为传教士的父亲来到中国福建，在鼓岭度过了一段欢乐难忘的童年时光。十年之后，加德纳一家返回美国。在中国乡间的记忆让加德纳终生难以忘怀，弥留之际，加德纳先生依然呼唤着童年故土的名字“Kuliang，Kuliang”。1992 年，时任福州市委书记习近平在《人民日报》上读到这则动人故事，当即决定邀请加德纳遗孀访问福州。1992 年 8 月，加德纳太太应邀来华，重回鼓岭代表丈夫圆梦。加德纳寻访中国故地鼓岭的故事，感动了很多人，也让福州鼓岭闻名遐迩。鼓岭，因“鼓岭故事”，成为中美友谊的桥梁。为了续写中美友好的鼓岭故事，从 2014 年起，福建连续承办了七届中国·鼓岭中秋国际诗乐会，架起了一座联接中美民间友谊的新桥梁。

建造于19世纪末的福州鼓岭万国公益社，是当年福州最早的西式俱乐部，内设歌舞厅、化妆室、更衣室等，设施十分完善。图为鼓岭万国公益社旧照。

1992年8月，加德纳夫人受邀访问福州，重回鼓岭替丈夫圆梦。图为1992年8月，加德纳夫人伊丽莎白（前排中）一行人登上鼓岭顶峰鼓顶。

2018年10月9日，鼓岭加德纳纪念馆正式开馆，还原了一个世纪来加德纳家族生活的场景，以及百年前的鼓岭全貌。图为2018年10月9日，穆蔼仁的儿子穆言灵以及“鼓岭故事”主人公加德纳的侄孙加里·加德纳和李·加德纳参观加德纳纪念馆。

福州与塔科马的林肯往事

中美两国人民友谊源远流长，榕塔两市友好历久弥新。1994 年 11 月，在时任福州市委书记习近平促成下，福州市与塔科马市缔结友好城市关系。28 年来，福州与塔科马在经贸、文化、教育、体育、人才等领域开展广泛深入的交流合作，取得一系列丰硕成果。两市签署《福州市与塔科马市共同成立合作发展混合委员会协议书》等一系列合作协议，共同推进两市友好交流与务实合作。

2008年，林肯高中和福州教育学院附属中学结为“姐妹学校”。图为2016年10月12日，美国塔科马市林肯中学百余名学生访问福州， 与福州教育学院附中学生一起上课学习、交流互动。

2011年9月22日，象征着塔科马市和福州市友谊的“福州亭”在塔克马市协和公园正式落成，福州亭已成为塔科马市的标志之一。图为2019年9月21日，“福州日”活动在美国塔科马市“福州亭”开幕。

2019年9月，福州在塔科马成功举办“福州日”暨两市结好纪念庆祝活动。活动期间，代表团与塔市就进一步巩固和深化两市友好关系，推进经贸、港口、教育、文化等领域合作，进行深入交流，达成多项共识。图为2019年9月21日，两市签署福州市教育局与塔科马学区合作备忘录。

“五洲客家音，四海桑梓情”——世界客属盛事

闽西是闻名海内外的千年客家祖地，在历史的长河中，形成和发展了客家民系，又播迁海内外，全国有 20 多个省区有客家聚居区，全球 100 多个国家和地区有近 1 亿客家人。全球最大的客家社团活动是世界客属恳亲大会，2000 年在闽西举办世界第 16 届客属恳亲大会，与会者 3000 多人，来自 80 多个国家和地区，时任福建省委副书记、福建省省长习近平作了热情洋溢的致辞。闽西客家优势在习近平总书记的重视下得到蓬勃发展，先后建立永定、武平、宁化、上杭、连城等客家博物馆。宁化客家公祠的世界客属石壁祭祖大典、长汀世界公祭客家母亲河大典这两个大型国际活动的影响力也越来越大，增强了中华民族凝聚力。

三明宁化石壁是客家民系的摇篮，是海内外亿万客家人的发祥地，是世界客属的拜祖圣地。自 1995 年起，每年的 10 月都会在石壁举办客家祭祖大典，已举办 27 届。图为宁化世界客属石壁祖地祭祖大典。

世界客属恳亲大会是国际上最具影响力的华人盛会，是海内外客属乡亲联络乡谊和进行跨国跨地区交往的重要载体，也是各国各地区客家人开展经济合作和文化交流的重要舞台。2000 年 11 月 19 日至 21 日，第 16 届世界客属恳亲大会在龙岩市举办。图为开幕式现场。

汀江被誉为“客家母亲河”，世界客属公祭客家母亲河活动从1995年开始举办，至今已举办27届。长汀在海内外的知名度也随着公祭活动的举办逐年提高。图为2020年10月17日，世界客属第26届公祭客家母亲河——汀江大典在长汀县客家母亲缘广场举行。

第44届世界遗产大会

第 44 届世界遗产大会于 2021 年 7 月 16 日至 31 日在福州市举办。国家主席习近平向大会致贺信，强调中国愿同世界各国和联合国教科文组织一道，加强交流合作，推动文明对话，促进交流互鉴，支持世界遗产保护事业，共同守护好全人类的文化瑰宝和自然珍宝，推动构建人类命运共同体。大会采取线下加线上的办会方式，在线审议 2020 年和 2021 年两个年度的世界遗产项目，更新了世界遗产列表、濒危世界遗产列表、世界遗产预备名单列表 3 项重要列表。作为第 44 届世界遗产大会的重要成果，大会一致通过以福州命名的宣言——《福州宣言》。大会期间，“泉州：宋元中国的世界海洋商贸中心”通过审议，成功列入《世界遗产名录》，成为中国第 56 处、福建第 5 处世界遗产。

2021 年 7 月 16 日，福州城市上空无人机表演，喜迎第 44 届世界遗产大会召开。

2021 年 7 月 16 日，第 44 届世界遗产大会在福州海峡文化艺术中心隆重开幕。图为开幕式表演《命运与共》。

第 44 届世界遗产大会开幕式文艺演出情景舞蹈《古厝流芳》。

海上丝绸之路国际艺术节

海上丝绸之路国际艺术节是经国家批准的对外文化交流活动，自 2014 年起永久落户泉州，是海上丝绸之路沿线国家和地区文化艺术交流合作的重要平台。海上丝绸之路国际艺术节通过举办一系列文艺展演、非遗展示、学术研讨和经贸展会等活动，较好促进“一带一路”沿线国家和地区的文化艺术交流合作，增进了民心相通，展现了福建省作为 21 世纪海上丝绸之路核心区的重要作用，在海内外产生广泛影响，得到各界充分肯定。

2014 年，首届海上丝绸之路国际艺术节在泉州开幕。

2019 年 11 月 22 日，第四届海上丝绸之路国际艺术节在泉州开幕。图为开幕式演出民族歌剧《大海承诺》。

2019 年 11 月 23 日至 27 日，第四届海上丝绸之路艺术节重要活动之一的“海上丝绸之路非物质文化遗产展”在泉州非物质文化遗产馆开幕。图为泉州市民特意带着孩子前来学习和体验泉州的非物质文化遗产。

福建文化宝岛行

福建文化宝岛行自2009年开始，是福建省面向台湾开展的一项闽台特色文旅交流品牌活动。十多年来，活动充分发挥省属艺术院团、各地市歌舞剧团的艺术资源，累计推动近两千人赴台开展独具特色、高质量、有声势的巡演和交流，足迹遍布台湾北、中、南部，系统地将福建省的传统戏曲、非物质文化遗产与民间艺术等优质文化艺术，以示范讲演、剧艺展演、交流座谈等形式展现给台湾青年学子和台湾民众，充分展示了福建浓厚的文化底蕴，有效促进了台湾同胞对闽台祖地文化、闽台乡音乡情和中华文化的了解和喜爱，进一步巩固和加强了福建多年来形成的对台交流优势，密切了两岸的文旅交流。

2015年6月2日至9日，“福建文化宝岛行——莆仙戏宝岛校园行”活动在台湾10所高校开展。图为莆仙戏表演现场。

2019 年 7 月 18 日至 23 日，“福建文化宝岛行——南音进社区”活动在台湾成功举办。图为福建南音亮相“海峡两岸台北夏季旅展”开幕式。

2019 年 5 月 10 日至 13 日，“福建文化宝岛行——非遗文化进马祖”活动在马祖举办。图为马祖乡亲驻足观看非遗项目油纸伞。

“匠心意蕴”闽台文创周

“匠心意蕴”闽台文创周自2016年起至今已成功举办6届，是福建省近年打造的闽台两地文创业者重要的交流合作平台和知名品牌。活动每年邀请近百位在闽就业创业的两岸文创业者，通过文创市集、互动表演、手作体验、论坛研讨等方式，集中展示闽台文创作品，为两岸文创业者、文艺工作者提供一个展现优质文创产品的窗口、一个交流互鉴的平台。

2021年12月24日，第六届“匠心意蕴”闽台文创周在福州烟台山历史风貌区举行。图为游客参观文创市集。

第六届“匠心意蕴”闽台文创周，台湾魔术师与现场的观众及小朋友互动。

第六届“匠心意蕴”闽台文创周，手作技艺植物染创作分享会现场。

福建文化海外驿站

福建文化海外驿站旨在打造成为“闽侨文化交流中心”“闽侨书屋”的升级版和务实版，把福建文化、中国文化元素植入驿站，通过展览展示、文化体验等，将福建文化元素、文化企业、文化产品展示推介出去，打造福建省在海外举办文化活动、开展文化培训、提供信息服务、举行学术研讨、促进文化贸易的新阵地。现福建文化海外驿站已落户马来西亚、菲律宾、日本、澳大利亚、阿根廷、新加坡、英国、法国、南非等国家，在全面展示福建特色文化和旅游资源，搭建福建与海外文化和旅游业界的交流合作平台，讲好福建故事，传播中国声音，弘扬“海丝”精神，增进福建与“一带一路”沿线国家及地区的民心相通、文明互鉴方面发挥了重要作用。

2017年8月23日，首家“中国·福建文化海外驿站”在马来西亚揭牌。图为当地民众参观闽南文化专题图片、福建非遗精品展。

2018年11月28日，“中国·福建文化海外驿站”落户阿根廷布宜诺斯艾利斯。图为当地民众参观福建文化、清新福建图片展。

2019年12月21日，由澳大利亚“中国·福建文化海外驿站”主办的“壮丽70年，奋斗新时代”庆祝中华人民共和国成立70周年图片展在澳大利亚悉尼西部锡尔弗沃特成功举办。

2020年1月27日，在中国农历庚子鼠年新春之际，中美文化驿站联合在美国纽约时代广场向当地民众和来自世界各地的游客赠送“福”字。

2021年6月12日，“中国·福建文化海外驿站”日本站在东京多元文化会馆举办“粽情端午、粽叶飘香”端午节文化活动，广大华人华侨和当地民众欢聚一堂学包粽子，并观看福建制作的中国端午习俗文化在线图片展。

“乡愁园”：从一首诗开始的乡村振兴

余光中祖籍福建永春，1928 年生于南京，1948 年随父母迁香港，次年赴台。他驰骋文坛半个世纪，其人其诗已成为海峡情缘的文化意象，他的诗歌《乡愁》多年来在全球华人中引发强烈共鸣。2015 年 11 月，余光中文学馆在永春县花石社区开馆。开馆以来，世界各地的殷殷赤子、专家学者络绎不绝到此寻找乡愁，这里成了永春乃至泉州对外文化交流的重要窗口。2016 年 12 月，余光中文学馆被台盟中央设立为“两岸文化交流基地”。2017 年，永春县开始修缮古厝，吸引优秀传统文化业态进驻。在成功运作花石乡愁园的基础上，将毗邻的千年古镇岵山镇纳入园区。古街、古厝、古镇、古树与田野相互交错，成为寻找“乡愁”的好去处。从一首诗到一出戏，到一个馆、一片园，永春渐渐游人如织。

著名诗人余光中老先生归乡时曾在桃溪畔即兴写下“清水一湾舞白鹤，风光两岸映桃源”的佳句。图为“乡愁文化园”所在地永春县桃城镇花石社区。

余光中文学馆地处永春县桃城镇花石社区，以展览余光中文学作品为主，兼具展览、名人馆及舞台剧场等空间功能。

位于永春县桃城镇洋上村的余光中故居——新坂堂。

文教惠民

文化兴国运兴，文化强民族强。文化生活奔小康，既需要文化市场的繁荣，更需要公共文化服务的不断发展。从家门口的城市书房，到乡村的农家书屋，从博物馆、影剧院，到艺术节、旅游节，再到全民健身、百姓大舞台，福建全省覆盖城乡的公共文化设施网络持续完善，公共文化服务的丰富性、便利性、均等性显著增强，文艺精品不断呈现，人们享受越来越多的高品质文化盛宴。福建以高质量文化供给增强人民群众获得感和幸福感，为全面小康筑牢文化根基。

文艺精品硕果累累

福建省坚持以人民为中心的创作导向，实施文艺高峰工程，戏剧、电影、电视剧、美术等创作上成就非凡，成为文艺评奖改革以来全国首个“五个一工程”实现“满堂红”的省份，涌现出闽剧《生命》、电影《古田军号》，电视剧《山海情》《闽宁镇》等标志性作品，打造歌剧《鸾峰桥》、电视剧《绝密使命》、电影《1921》等献礼建党百年精品力作，推进《八闽文库》全媒体出版工程等一批重大项目，《大儒朱熹》《海上福建》《闽宁纪事》等纪录片在中央广播电视总台播出。2020年以来，福建省有《绝境铸剑》《谷文昌》《一诺无悔》等3部电视剧在央视一套黄金时段播出，播出数量居全国首位。国家广电总局向全国推广电视剧创作生产的“福建经验”。

《海边春秋》以福建平潭综合实验区扶贫工作的真实案例为蓝本，围绕兰波国际项目与蓝港村整体搬迁的矛盾和破解展开叙事。该作品获第15届精神文明建设“五个一工程”优秀作品奖、2019年度中国好书。

福建省在全国精神文明建设“五一个工程”评选中，获奖总数居全国前列。

2021 年 12 月 30 日，第 34 届中国电影金鸡奖颁奖典礼暨 2021 年中国金鸡百花电影节闭幕式在厦门海峡大剧院举行。

福建省倾力创作的电视剧《山海情》获“最佳中国电视剧”等四大奖项，成为第 27 届上海电视节白玉兰奖最大赢家。

《古田军号》讲述了青年革命领袖毛泽东带领红四军面对重重磨难，坚守信仰，坚持不懈探索革命真理与出路的非凡历程。该片于2019年8月1日上映。同月，荣获中宣部“五个一工程”特别奖。

大型舞剧《丝海梦寻》艺术再现古代海上丝绸之路繁华古港泉州云集万国商贾、东西方文明交流融合的盛景。曾在国家大剧院、联合国总部、海丝沿线国家演出。图为《丝海梦寻》剧照。

闽剧现代戏《生命》讲述新中国成立前夕一支由50个怀孕女军人组成的特殊队伍在战争中创造生命奇迹，以坚定信念迎接新中国诞生的故事。该剧被誉为革命历史题材创作的标杆性戏曲作品，先后入选中宣部第15届精神文明建设“五个一工程”奖、文旅部“国家舞台艺术精品创作扶持工程”重点扶持剧目以及国家艺术基金年度资助。图为《生命》剧照。

文化设施日益完善

福建以文化强省建设为统领，以提升公共文化服务体系建设实现高质量发展超越为目标，以创建国家公共文化服务体系示范区为契机，不断提升公共文化服务能力，推动文化设施提档升级。截至 2021 年 11 月，全省建成公共图书馆 94 家、文化馆 97 家、综合档案馆 94 家、各类博物馆 123 家，乡镇（街道）综合文化站 1122 家，村（社区）综合文化服务中心 1.6 万多家，一个布局合理、覆盖城乡、惠及全民的省、市、县（市、区）、乡镇（街道）、村（社区）五级公共文化设施网络，已经基本形成。

福州海峡文化艺术中心，状似茉莉花盛开于闽江之畔，素有福州版“悉尼歌剧院”的美誉。

福建省档案馆成立于1959年10月1日，是集档案安全保管基地、档案资料和政府信息查阅中心、电子文件与数字档案中心、爱国主义教育基地、学术交流等社会服务功能为一体的公共档案馆。图为2012年建成开馆的福建省档案馆。

市民在福建省档案馆参观档案文献展。

2002 年建成开馆的福建博物院。

福建省革命历史纪念馆，1998 年开馆，位于鼓山脚下，是全国爱国主义教育示范基地、全国红色旅游经典景区、福建省国防教育基地、全省爱国主义教育基地先进单位，也是福建省精神文明建设和改革开放的重要窗口。

市民在图书馆阅读。

市民在文化馆参观。

福州市鼓楼区高爷庙综合文化站开展民俗文化活动。

文教事业蓬勃发展

习近平总书记对福建教育寄予殷切期望，明确提出“福建没有理由不把教育办好”。福建牢记总书记的嘱托，始终坚持立德树人根本任务，持续加大教育投入，教育事业取得新成效，实施学前教育发展提升计划和城区学位增补计划，大力扶持普惠性民办幼儿园，学前教育普惠率达 93%，义务教育“双减”政策落地并初见成效，所有县达到义务教育发展基本均衡要求，三明入选全国基础教育综合改革实验区，泉州列入国家产教融合首批试点城市，厦门职业教育创新发展高地建设提速，“双一流”“双高”建设扎实推进。

2021 年，习近平总书记在致厦门大学建校 100 周年贺信里写道：“100 年来，学校秉持爱国华侨领袖陈嘉庚先生的立校志向，形成了‘爱国、革命、自强、科学’的优良校风，打造了鲜明的办学特色，培养了大批优秀人才，为国家富强、人民幸福和中华文化海外传播作出了积极贡献。”图为厦门大学思明校区鸟瞰图。

闽江学院始终秉持习近平校长提出的“不求最大、但求最优、但求适应社会需要”的办学理念，深化产教融合，努力建设高水平有特色的应用型高校，已成为福建省重点建设高校、一流学科建设高校和首批深化创新创业教育改革示范高校。图为闽江学院工科楼群。

1999 年至 2001 年，习近平同志连续 3 年担任集美大学校董会主席，先后 7 次到集美大学，支持、推动学校的创新发展。集美大学以“诚毅”为校训，在长期办学实践中坚持“嘉庚精神立校、诚毅品格树人”，在海内外享有广泛声誉。图为陈嘉庚创办的集美学村欣欣向荣。

全省财政用于教育方面的支出不断加大。全省一般公共预算教育经费占一般公共预算支出比例连续多年居全国前列。

学生们脸上洋溢着阳光、自信的笑容。

福州屏西小学新生收到新书。

福建省学前教育、高中教育、普通高等教育在校生数居全国前列。

文体活动精彩纷呈

福建省坚持以人民为中心，把人民作为发展体育事业的主体，把满足人民健身需求、促进人的全面发展作为体育工作的出发点和落脚点，落实全民健身国家战略，不断提高人民健康水平。持续开展“运动健身进万家”品牌赛事活动，打造线上与线下比赛相结合、全社会参与、多项目覆盖、多层级联动的全省社区（乡村）体育联赛（运动会）；坚持“重心下移、资源下移、服务下移”，结合新时代基层群众精神文化生活需求的特点，积极拓展优质文化资源延伸到基层的新途径，创新性打造“百姓大舞台”“春雨工程”“乡村春晚”等文化惠民品牌，实现“送文化”与“种文化”的有机结合，真正做到老百姓在哪里，文化惠民服务就延伸到哪里。

2015 年 10 月 18 日，中华人民共和国第一届青年运动会在福州海峡奥体中心体育场开幕。这是新中国成立以来，福建省承办的规模最大、规格最高的全国大型综合性运动会。

厦门国际马拉松赛创办于 2003 年，如今已成为国际知名体育品牌。

首届环福州 · 永泰国际公路自行车赛自 2012 年开始创办，经过多年的发展，得到了国际自盟和各参赛队伍的认可与好评，已经发展成为国内年度举办的高级别自行车赛事和国内的自行车国际品牌赛事之一。

2019 年 8 月 6 日，以“健康中国　你我同行”为主题的 2019 年全国“全民健身日”活动福建省分会场活动在福州举行。图为市民广场舞展演。

2019 年 6 月 12 日，福建运动健身进万家暨奥运冠军全民健身志愿服务在福州启动。图为百人太极拳展演。

2019 年 12 月 24 日，全国文化科技卫生“三下乡”集中示范活动福建分会场启动。图为演员在泰宁县下渠镇“三下乡”活动现场为当地群众演出。

宁德蕉城区蕉南街道东湖社区文明实践站内，社区党建联盟理事单位的党员们志愿开展文娱活动，丰富群众文化生活。

发挥理论文化宣传阵地的作用。图为罗源县霍口畲族乡岗尾村一户农家大院内，村支书为村民们宣讲省党代会精神 。

南安市官桥镇竹口村的南音爱好者，把十九大报告中和老百姓生活息息相关的内容编成南音乐曲进行宣传。

明溪县组织文艺宣传小分队，分赴各乡村开展送文化下乡活动。

人文精神

小康，是物质进步的编年史；小康，更是精神锤炼的英雄传。从物质到精神，从乡村到城市，从国家到个体……亘古之变，翻天覆地。在实现“小康”的过程中，积淀着中华民族最深层的精神追求，诞生了名垂史册的伟大精神，造就了推动时代前进的丰功伟绩，闽东精神、嘉庚精神、谷文昌精神……这些中华儿女在不同年代砥砺奋进而孕育出的伟大精神，在新时代依然具有强烈的感召力和凝聚力，成为中华儿女实现小康的共同财富，为全面建设小康社会、实现中华民族伟大复兴提供了强大精神动力。

闽东之光

习近平同志在《摆脱贫困》一书中写道：“什么是闽东之光呢？我想，闽东的锦绣河山就是一种光彩。闽东的灿烂文化传统就是一种光彩。闽东人民的自强不息、艰苦奋斗、善良质朴的精神就是一种光彩。认识到自身的光彩，才有自信心、自尊心，才有蓬勃奋进的动力。”“如果我们充分认识了闽东之光，并把闽东之光传播开去……大家就会向往闽东，热爱闽东，把心血汗水浇灌在闽东。”宁德俗称闽东，是习近平新时代中国特色社会主义思想的重要萌发地，也是习近平总书记扶贫开发战略思想的重要实践地。1988 年至 1990 年，习近平同志在宁德工作期间，围绕摆脱贫困这条工作主线，提出了“滴水穿石”“弱鸟先飞”的脱贫思想，制定了因地制宜的脱贫方针，培育了“把心贴近人民”的干部作风，留下了“四下基层”的工作传统，带领贫困地区群众走上脱贫奔小康的道路。闽东干部群众沿着习近平总书记指引的方向，立下愚公移山志，一张蓝图绘到底，书写了中国特色扶贫开发道路的宁德篇章。“艰苦奋斗、顽强拼搏、滴水穿石、久久为功”，是历久弥新的闽东精神，指引了闽东人民摆脱贫困的成功实践，也成为宁德启航新征程的思想遵循。

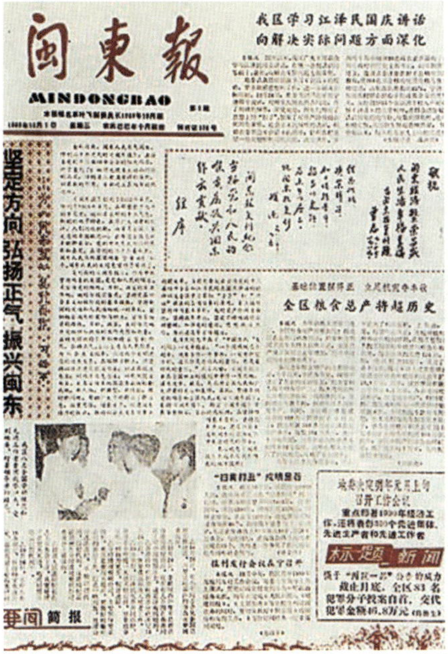
闽東報
MINDONGBAO
我区学习江泽民国庆讲话向解决实际问题方面深化
坚定方向 弘扬正气 振兴闽东
全区粮食总产将超历史
标题新闻
要闻简报

1989 年 11 月 1 日，在时任宁德地委书记习近平的亲切关怀下，停刊 10 年的《闽东报》正式复刊，习近平同志亲自撰写复刊词，寄语《闽东日报》：帮助广大干部群众了解信息，拓宽思路，增长才干，促进闽东经济的振兴，推动社会主义各项事业向前发展。图为 1989 年 11 月 1 日《闽东报》复刊号。

20 世纪 80 年代末 90 年代初，时任宁德地委书记习近平亲自指导、推动创作了风光音乐电视片《山海的交响——闽东抒怀》，该片获得全国电视文艺最高奖“星光奖”。

舞蹈《畲族婚礼》。

福安柏柱洋革命纪念亭。

闽东畲族文化艺术节盛况。

2019 年 9 月 19 日，宁德市庆祝中华人民共和国成立 70 周年《山海的交响》文艺晚会在市体育中心综合馆举行。

30 多年来，宁德保持“滴水穿石”韧劲，练就“弱鸟先飞”本领，传播闽东之光，从“老少边岛贫”摆脱贫困奔小康，到书写全面建设社会主义现代化国家的宁德篇章，文明之光，在闽东高质量发展的新征程上熠熠生辉。图为宁德城市新貌。

弘扬林则徐精神

林则徐，福建侯官人，清代杰出政治家、思想家，民族英雄。在 30 多年的政治生涯中，他历官十四省，先后担任按察使、布政使、河东河道总督、湖广总督、钦差大臣等职，主持了震惊中外的虎门销烟。他为官清廉，关心民隐；他胸怀开放，是近代中国“开眼看世界”第一人；他致力于兴修水利、治理水患，福泽至今。“苟利国家生死以，岂因祸福避趋之”是他一生的写照。在任福州市委书记期间，习近平同志十分重视林则徐故居等系列文物遗迹的保护和修复。1995 年 6 月 3 日，在林则徐铜像揭幕仪式上，习近平说：“福州是林则徐的故乡，林则徐是福州人民的光荣和自豪。今天，故乡的人民树立起林则徐铜像，就是为了激励自己、教育后人，让在林则徐身上体现出来的中华民族的伟大精神永远发扬光大。”林则徐的“海纳百川，有容乃大”自勉联，如今已成为福州的城市精神。伟大的事业需要伟大的精神，新时代更要传承弘扬好林则徐精神。

1995 年 6 月 3 日，在时任福州市委书记习近平推动下，林则徐铜像在福州市仓山区白湖亭则徐广场落成。

位于福州市澳门路的林则徐纪念馆（林文忠公祠）是全国重点文物保护单位，馆内设有林则徐史绩展。

林则徐史绩展重现虎门销烟场景。

传扬严复思想

严复，福建侯官县人，清末极具影响的资产阶级启蒙思想家、教育家和翻译家，是近代中国向西方国家寻找真理的“先进的中国人”之一，曾担任京师大学堂译局总办、上海复旦公学校长。他翻译的《天演论》中所提出的“物竞天择、适者生存”社会进化论观点对当时的社会产生了重大影响。甲午战败后，他第一次向国人喊出救亡的口号：“如今中国不变法则必亡”。早在福建工作期间，习近平同志就十分重视严复思想的研究和弘扬，认为“时至今日，严复的科学与爱国思想仍不过时”。2021 年 3 月 24 日，习近平总书记参观考察严复故居时，对严复的成就与思想给予高度评价。

位于福州三坊七巷的严复故居。

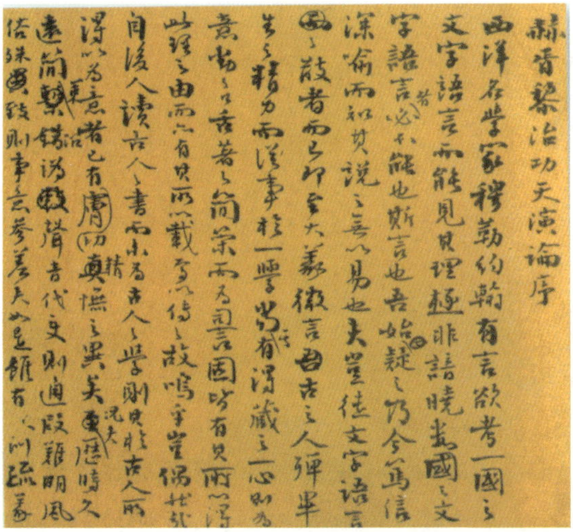
赫胥黎治功天演论序
西洋名学家穆勒约翰有言欲考一国之
文字语言而能见其理极非谙晓数国之文
字语言者必不能也斯言也吾始疑之乃今笃信

左图为严复译赫胥黎《天演论》手稿。右图为严复像。

市民在位于福州三坊七巷的严复故居参观。

福州阳岐严复纪念馆。

陈嘉庚："华侨旗帜、民族光辉"

陈嘉庚，被毛泽东誉为"华侨旗帜、民族光辉"。陈嘉庚先生一生奋斗中体现出的"忠公、诚毅、勤俭、创新"的精神品格，为后人留下了极为宝贵的精神财富。他爱国兴学，投身救亡斗争，推动华侨团结，争取民族解放，是侨界的一代领袖和楷模。他艰苦创业、自强不息的精神，以国家为重、以民族为重的品格，关心祖国建设、倾心教育事业的诚心，永远值得学习。2014 年陈嘉庚先生诞辰 140 周年之际，习近平总书记给厦门市集美校友总会回信，希望广大华侨华人弘扬"嘉庚精神"，深怀爱国之情，坚守报国之志，同祖国人民一道不懈奋斗，共圆民族复兴之梦。

人们把陈嘉庚创办集美学校和厦门大学而亲自主持规划、设计和监造的校舍建筑称为"嘉庚建筑"。2016 年，嘉庚建筑入选中国文物学会和中国建筑学会联合公布的"首批中国 20 世纪建筑遗产"名录。图为厦门大学陈嘉庚雕像和群贤楼。

1940 年，陈嘉庚率领南洋华侨慰劳视察团飞抵重庆，受到各界代表热烈欢迎。

陈嘉庚与集美学校学生。

1955 年 6 月 11 日，陈嘉庚在厦门大学建南大会堂举行的庆祝新校舍落成典礼大会上讲话。

谷文昌：百姓心中不朽的丰碑

谷文昌在福建省东山县工作 14 年间，带领东山县人民与风灾、旱灾抗争，植树造林，兴修水利，改善交通，发展生产，把一个风沙肆虐的荒岛变成生机盎然的东海绿洲，为经济建设和社会发展奠定坚实基础，赢得了东山十万民心。“文化大革命”期间，谷文昌下放到福建省宁化县河口公社红旗大队，带领当地百姓兴建隆陂水库、改良土壤实现水稻亩产上千斤，被当地百姓称为“谷满仓”。习近平总书记称赞谷文昌“在老百姓心中树立起一座不朽的丰碑”，是“四有干部”的典范、“县委书记的好榜样”。2009 年 9 月，谷文昌被评为“100 位新中国成立以来感动中国人物”。

东山县赤山林场内，谷文昌纪念馆、谷文昌干部学院等教育基地先后落成，全国各地党员干部、青少年来这里接受精神洗礼。图为谷文昌纪念馆。

党员干部在谷文昌雕像前宣誓。

175条林带形成150公里长的绿色长廊，东山全岛绿化程度达94%以上，曾经的荒凉海岛变成东海绿洲。图为东山沿海防护林。

1963年建成的南门海堤，至今仍静静守护着铜陵古城，成为东山人民的“生命堤”。

从1956年到1963年，谷文昌带领全县人民修建永久性水利工程705处、水库20多座。红旗水库，集灌溉、饮用、生态于一体，数十年来保障着全县20多万人民的生活、生产用水。图为现在的东山县红旗水库。

廖俊波：人民的“樵夫”

廖俊波，福建浦城人，生前曾任福建南平市委常委、副市长，政和县委书记。2015 年 6 月，廖俊波荣获“全国优秀县委书记”称号。2017 年 3 月 18 日，廖俊波在赶往武夷新区主持召开会议途中不幸遭遇车祸，因公殉职。2017 年 6 月，廖俊波被追授“全国优秀共产党员”“时代楷模”等荣誉称号。习近平总书记作出重要指示强调，“廖俊波同志任职期间，牢记党的嘱托，尽心尽责，带领当地干部群众扑下身子、苦干实干，以实际行动体现了对党忠诚、心系群众、忘我工作、无私奉献的优秀品质。”“广大党员、干部要向廖俊波同志学习，不忘初心、扎实工作、廉洁奉公，身体力行把党的方针政策落实到基层和群众中去，真心实意为人民造福。”2021 年 6 月，习近平总书记给廖俊波母亲回信，信中说：“廖俊波同志离开我们四年了，南平干部群众一直怀念他。在党的百年奋斗中，有千千万万党员、干部像廖俊波同志一样为党和人民事业献出了宝贵的生命，党和人民永远铭记着他们。”

2015 年 6 月 27 日，廖俊波（左二）在政和县铁山镇东涧花卉基地了解情况。

廖俊波 2011 年到政和工作时，这个福建省扶贫开发重点县被戏称“省尾”。四年间，廖俊波这个“火车头”带着政和人民加速追赶，2013 年至 2015 年，政和蝉联福建省县域经济发展“十佳”，甩掉了全省末位的帽子。图为政和县城一角。

廖俊波先进事迹馆吸引了许多人参观学习。

新时期精神文明建设从三明开始

改革开放之初，福建省委就确立了“越是改革开放，越要加强精神文明建设”的指导思想。三明市委、市政府践行为民惠民、共建共享理念，探索出“好在共建、贵在坚持、重在建设”的精神文明创建经验，并在20世纪80年代成为全国群众性精神文明建设样板。党的十八大以来，三明市持续加大全国文明城市创建力度，推进经济社会各项事业建设。2015年2月，三明市被中央文明委授予第四届“全国文明城市”称号，习近平总书记在会见代表时指出：“新时期精神文明建设是从三明开始的。”进入新时代，三明市始终按照习总书记强调的“只有站在时代前沿，引领风气之先，精神文明建设才能发挥更大威力”重要指示，高扬精神文明这面旗帜，2017年11月蝉联全国文明城市。40多年来，三明精神文明建设不愧为八闽大地一朵盛开的文明之花，三明也成为一座“文明、开明、清明”之城。

1984年6月，全国“五讲四美三热爱”活动工作会议在三明召开，号召“全国学三明，三明学全国”，三明由此成为全国群众性精神文明创建的发源地。

三明市精神文明建设展览馆始建于1986年，是全国设立最早、为数不多的精神文明建设工作专题展。现为全国爱国主义教育示范基地。图为党员干部来馆参观展览。

2015年11月20日，第四届福建省道德模范表彰大会在福州举行。图为表彰大会颁奖现场。

在2017年11月开展的第五届全国文明城市评选中，福建省莆田市、龙岩市、石狮市、晋江市、武平县、沙县等6个参评城市全部入选，获评率100%。福建省设区市全国文明城市占比居全国首位。

生态篇

福州（郑永林 摄）

福建山海相连、美丽清新，是我国南方地区重要的生态屏障，更是习近平生态文明思想的重要孕育地和实践地。2000年，时任福建省委副书记、省长习近平提出建设生态省的战略构想。2014年福建省成为全国首个生态文明先行示范区。2016年6月，中央全面深化改革领导小组第25次会议批准福建建设首个国家生态文明试验区，开展生态文明体制改革综合试验。

“绿色是福建一张亮丽名片。要接续努力，让绿水青山永远成为福建的骄傲。”习近平总书记强调，要把碳达峰、碳中和纳入生态省建设布局，科学制定时间表、路线图。

殷殷嘱托铭记于心。全省上下坚决贯彻中央决策部署，强化责任担当，各领域改革任务有力有序推进，自然资源资产管理体制改革试点、省级空间规划试点、国家公园体制试点等一批中央部署的生态文明体制重大改革举措在福建集中实施，取得重点生态区位商品林赎买、领导干部自然资源资产离任审计、木兰溪治理模式、水土流失治理“长汀模式”、全流域生态补偿、河长制、生态司法保护、绿色金融等38项重大改革成果。39项改革经验向全国推广，数量居全国首位。

生态文明是经济发展、社会和谐、民生改善的汇聚点，良好的生态环境、人与自然的和谐发展以及可持续发展的能力，是全面建成小康社会的基础条件。福建省将加快推进绿色发展，不断深化国家生态文明试验区建设，打造人与自然和谐共生的美丽中国示范省。

机制创新

福建在全国率先开展集体林权制度改革，为生态文明建设培育“新增长点”。多年来，林改不断与时俱进，探索创新林票制度改革，激活生态资源向资产、资本转变，莽莽群山从“开门的绿色银行”变成触手可及的“水库、钱库、粮库、碳库”。全面推行河长制，为维护河湖健康生命、实现河湖功能永续利用提供有力保障。在全国率先开展流域上下游生态补偿，建立重点流域生态补偿长效机制。鼓励金融机构创新“福林贷”、“福海贷”、垃圾处理收益权质押贷等绿色金融产品。深化环境资源司法保护机制改革，推进生态环境资源保护行政执法与刑事司法无缝衔接，打造“生态司法+”品牌。

林改春风暖人心

2021 年 3 月 23 日，习近平总书记专程来到沙县农村产权交易中心，听取集体林权制度改革的情况介绍后指出，三明集体林权制度改革探索很有意义，要坚持正确改革方向，尊重群众首创精神，积极稳妥推进集体林权制度创新，探索完善生态产品价值实现机制，力争实现新的突破。早在 2002 年 6 月，时任福建省委副书记、省长习近平来到武平调研，就对武平县集体林权制度改革给予肯定和支持，并要求“集体林权制度改革要像家庭联产承包责任制那样从山下转向山上”。福建省从此拉开了集体林权制度改革的大幕，并不断深入推进集体林权制度改革，勇于探索，把绿色发展与改善民生紧密结合起来，实现了不砍树也致富，打造“百姓富、生态美”的发展格局。

林改让山林活乡村兴。图为沙县富口镇宝丰新村。

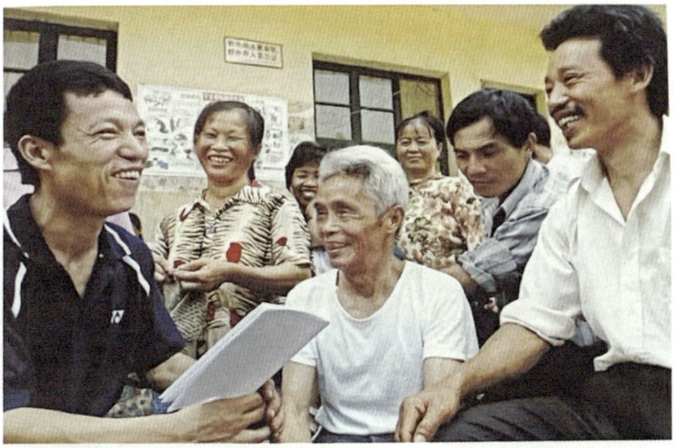

林业工作人员在建阳市麻沙镇重历村向村民宣传林权制度改革政策。

武平县万安乡捷文村村民李桂林，拿到了中华人民共和国第1号林权证。

林改让福建省三明市沙县每个乡镇都绿意盎然。

林票加碳票 画好“山水画”

1997 年 4 月 11 日，时任福建省委副书记习近平来到将乐县常口村调研，他语重心长地交代：青山绿水是无价之宝，山区要画好“山水画”，扎实抓好山地开发，做好山水田文章。25 年来，常口村牢记殷殷嘱托，聚焦美丽乡村建设，实施森林碳汇造林等项目。2021 年，全国第一张林业碳票颁发给了常口村。碳票，是将一片森林的固碳释氧功能作为资产交易的“凭证”，换取生态收益。和碳票形成互补的，还有林票改革。林票是一种股权凭证，由国有林业企事业单位按村集体、其他企业或个人占有的份额制作发行。随着林票、碳票改革的试行，三明林权市场流转日趋活跃。作为全国林改的先行区，三明立足山、水、田的资源优势，积极探索生态产品价值实现机制，推动林改再出发。

三明林改，创新林权流转机制和林业产业发展机制，让广大林农守护绿水青山，换来金山银山。图为将乐县龙栖山国家级自然保护区护林员进山巡护森林。

面值100元的林票。

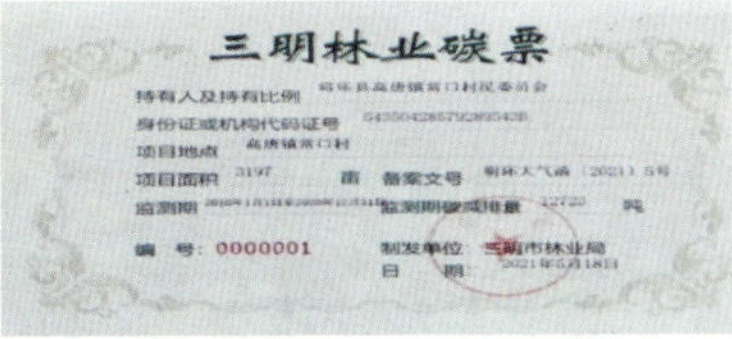

全国首张林业碳票。

三明市沙县区夏茂镇青钱柳家庭林场主洪集体通过林票贷款，发展铁皮石斛林下经济项目。

山清水秀的常口村，土壤有机质富集，非常适合种纽荷尔脐橙。图为常口村脐橙大丰收。

“家庭林场”促发展

时任宁德地委书记习近平到周宁县黄振芳家庭林场调研时种下的三棵杉树。

黄振芳父子查看林场。

周宁县七步镇后洋村有一段“山鸡飞上凤凰台”的生态故事，成为闽东人民践行“绿水青山就是金山银山”生态理念的生动实践。1983年，年逾半百的黄振芳带领全家开垦荒山50亩，贷款8万元造林，还在速生林中套种马铃薯、魔芋、茶叶等作物。在黄振芳的带领下，后洋村掀起造林热，林地面积扩增到7307亩，开启后洋村民绿色发展的生态之路。莽莽群山变成触手可及的“水库、钱库、粮库、碳库”。近年来，因地制宜，将林场打造成集林业产业、生态养生、观光游憩等业态于一体的“林园综合体”，实现森林资源保护和利用的有机统一。

绿色生态发展的周宁县后洋村。

和谐牧业、三杉花卉、林下中草药种植等绿色产业“涌入”后洋，推动村民增收致富，“青山”变成了“金山”。

依托丰富的森林资源，周宁县利用林地9万多亩发展林下经济，培育黄振芳式企业、合作社、家庭农场。图为村民采收锥栗。

创新"河长制" 水秀润八闽

2014 年，福建省开始在全省实施河长制，是全国 8 个较早实行河长制的省份之一。福建省建立健全以党政领导特别是主要领导负责制为主、从省到村五级穿透的河湖长体系，做到从区域到流域、从大江到小溪、从湖库到塘池全覆盖，并在全省广泛开展"河小禹"等专项行动，各地还积极创设"乡愁河长"等"民间河长"参与管河护河，并为每条河流、每个湖泊专门配设村级河道专管员。经多年实践，取得初步成效，全省水生态水环境得到持续改善，河流水域功能达标率持续提升。如今，八闽大地已形成"人人皆河长、全民共参与"的良好氛围。

创新河长工作，绘就碧水丹山。图为闽侯金水湖。

“河小禹”骑车宣传河长制工作。

泉州市永春县组织桃城小学、五里街小学、蓬壶小学等“小河长”放养鱼苗。

河道专管员巡河。

打造生态综合执法铁军

厦门市生态环境执法铁军展示风采。

执法队员在工业区开展危废检查。

强有力的生态环境执法是保障环境保护各项法律法规、政策制度落地见效的有力武器。福建作为“生态优等生”，始终将生态环境执法摆在重要位置，突出精准治污、科学治污、依法治污，坚持践行绿色发展理念，不断强化执法制度和执法能力建设，持续优化执法方式、提高执法效能，打造出一支有灵魂、有规矩、有血性、有担当、有温度的生态环境执法铁军。他们围绕改善环境质量、保障民生诉求两大主题，全力以赴投入大气联防联控、国家重大活动环境质量保障、涉新冠肺炎疫情风险防控、打击污染环境犯罪等重点工作，保障福建省生态环境质量保持全优，创造多项生态环境执法经验，改革举措向全国推广。

生态铁军大练兵，运用无人船巡查入河入海排污口。

生态执法铁军在突发环境事件应急演练现场。

生态司法守护绿水青山

司法是环境治理体系的重要组成部分，在生态文明建设中承担着重要职责。福建省各级人民法院探索“生态司法+审计”机制，与审计部门的衔接常态化，形成你中有我、我中有你的工作模式；推动“生态司法+绿色金融”相衔接，强化部门协作，为林区林农享受林业金融产品“福林贷”和重点生态区位商品林赎买制度提供司法保障；推进“生态司法+修复保险”相衔接，以保险方式分担对生态环境损害的修复责任，将生态修复资金转入保险公司专门账户纳入承保范围。在重点林区、景区等设立巡回生态法庭、办案点、服务站139个，定期或不定期开展巡回办案。福建各级法院正全力做好生态司法的大文章，努力让八闽大地天更蓝、水更绿、空气更清新。

厦门同安生态环境司法文化宣传教育基地。

尤溪县人民法院生态环境巡回法庭开展巡回审判。

福州法院干警现场调查古树名木保护情况。

厦门市同安区人民法院与同安第一中学联合开展“生态法治志愿者”活动。

绿色金融撬动绿色发展

福建省三明市金融部门工作人员进村为信用户果农现场办理信贷手续。

作为全国第一个生态文明试验区，福建先行先试，大力发展绿色金融。2017 年研究出台福建省建立绿色金融制度体系方案，鼓励金融机构加大绿色信贷发放力度，支持符合条件的银行业金融机构打造绿色金融集团，支持海峡股权交易中心统一建设用能权、碳排放权、排污权交易平台。大力推进绿色信贷、绿色债券、绿色保险、碳金融等绿色金融服务，充分发挥绿色金融创新在促进实体经济结构调整中的重要作用，为国家生态文明试验区建设提供新的动力，推动福建绿色金融发展走在全国前列。

兴业银行三明分行向福建华电永安发电有限公司成功发放碳配额质押贷款1000万元。

林业小额贷款为林农发展生产解决燃眉之急。

林农们利用惠林卡贷款发展林药、林菌、林蜂等林下经济，种植养殖产业风生水起。

环境治理

近年来，福建在全国率先出台水污染防治行动计划工作方案，实施比国家更严的大气主要污染物排放标准。坚持基于山水林田湖草生命共同体理念，健全生态保护和修复制度，以木兰溪流域综合治理、筼筜湖生态修复、五缘湾片区生态治理等案例为基础，构建把不同生态系统要素作为一个有机整体的系统性保护治理制度体系。福州集中力量打造城市水系“一站式”治理模式，延续“全党动员、全民动手、条块结合、齐抓共治”的治水方略，采取多种管理模式打造水清河畅新气象。福建整合各种资源，在农村户厕改造、农村垃圾处理、农村污水治理和村容村貌提升等方面出台多种措施，加快补齐农村人居环境短板，实现魅力家园人人共享。

木兰溪生态文明样本

木兰溪是福建省内六大重要河流之一，但木兰溪洪水频发，下游地区经常泛滥成灾。1999 年，时任福建省委副书记、代省长习近平同志提出“要变害为利、造福人民”，决定彻底根治木兰溪水患。同年 12 月 27 日，木兰溪一期试验段工程建设开工，习近平同志和 6000 多名干部群众、驻军官兵一起参加了义务劳动。在习近平同志主导擘画、推动建设下，木兰溪焕然一新。从曾经的洪水肆虐到如今的安澜清波，这条一百余公里长的河流，见证了一座城市、一个流域在中国共产党领导下的沧桑巨变。20 多年来，莆田持续推进木兰溪治理，使木兰溪成为福建省“万里生态安全水系”建设样板，木兰溪治理成为新中国水利史上“变害为利、造福人民”的生动实践。

当年莆田城区受淹场景。

当年木兰溪下游防洪工程义务劳动现场。

当年洪水退去后的木兰溪畔的新溪小学。

如今风景如画的新溪小学。

俯瞰壮丽的木兰溪。

筼筜湖变身“城市会客厅”

20 世纪 80 年代末，厦门市筼筜湖区杂草丛生、垃圾遍地、污水横流、湖水发黑发臭、蚊蝇滋生，飞禽、鱼虾几近绝迹，是环境恶劣的臭水湖。1988 年，时任厦门市委常委、副市长习近平创造性地提出“依法治湖、截污处理、清淤筑岸、搞活水体、美化环境”的 20 字方针，为日后筼筜湖多措并举、综合施策，提供了方向性指引。至今筼筜湖环湖面积已达 2.6 平方公里，生物多样性不断增加，白鹭等鸟类成群栖息于此。环湖步道、红树林、白鹭保护区、筼筜书院已成为厦门的靓丽风景线，筼筜湖湖区获得厦门“城市会客厅”的美誉。

筼筜湖整治前后对比。

筼筜湖风光。

经过多年整治，如今的筼筜湖碧波荡漾，水中游鱼戏水，空中白鹭翱翔。

市民漫步筼筜环湖步道。

2017年9月，金砖国家领导人第九次会晤期间，中俄双边活动于筼筜书院举办。

福州内河的华丽转身

摊开福州的内河版图，沿闽江、乌龙江回溯，156 条河道，串起白马河、晋安河等六大水系。在总长超 250 公里的内河水网中，藏着流淌在岁月中的悠悠往事，更有河水变清、两岸变美的治水新曲。福州市按系统综合治理理念，全市下好“一盘棋”，“市主导、区保障、部门统筹、国企挑重担”，并在全省率先组建城区水系联排联调中心，高效指挥、上下联动，按“症状在水中、根源在岸上、核心是管网”的原则，采取“链式治理”，将内涝、黑臭、污染源及周边环境同步考虑，让美丽水色走入寻常百姓家。如今，福州城区主干河道全部治理完成，建成“串珠”公园 270 座、滨河绿道 500 多公里。2018 年，福州成为全国首批黑臭水体治理示范城市。

内河黑臭水体整治唤回碧水清流。图为福州市白马河。

福州最美晋安河水上游览线路开航，越来越多的市民和游客选择乘船畅游晋安河。

白湖亭河岸边种植各种花草树木。

福州市开展城区水系综合治理，经过整治，东西河碧波重现。

厦门五缘湾变形记

五缘湾片区位于厦门岛东北部，曾经的它由于过度养殖、倾倒堆存生活垃圾、填筑海堤阻断了海水自然交换等原因，内湾水环境污染严重，外湾海岸线长期被侵蚀，形成大面积潮滩。2002 年，厦门市启动五缘湾片区生态修复与综合开发工作。通过实施生态修复保护工程，拆除内湾海堤，开展退塘还海、内湾清淤和外湾清礁疏浚，构筑 8 公里环湾护岸，对受损海岸线进行生态修复，设置 430 米纳潮口增加湾内纳潮量和水流动力；对湾区水体水质进行咸淡分离和清浊分离，逐步恢复海洋水生态环境；充分利用原有抛荒地和沼泽地建设五缘湾湿地公园，通过保留野生植被、设置无人生态小岛等途径，增加野生动植物赖以生存的栖息地面积，营造城市“绿肺”。修复整治后，五缘湾片区满眼绿色，满园花海，成为市民周末休闲的好去处。

五缘湾景色。

五缘湾夜景。

五缘湾湿地公园木栈道。

第二届青少年OP帆船国际城市联赛暨摩纳哥OP级帆船赛中国推广赛（厦门站）在五缘湾举行。

海上环卫守护蔚蓝海洋

建立健全“海上环卫”工作机制是开展海漂垃圾常态化清理的保障。福建沿海各地充分发挥政府企业社会力量，推进地方“海上环卫”队伍建设，针对主要的海湾和渔排养殖区开展海漂垃圾综合整治。厦门市在全国率先组建市级专业化海上保洁队伍，专门负责海上及岸线沙滩保洁。连江县黄岐镇是重点渔业养殖区，引入专业的市场化保洁队伍对中心渔港及周边渔业养殖区进行海漂垃圾日收日清，并对沿岸生活垃圾及海上船排垃圾进行定点收集。昔日脏乱差的海岸环境大变样，再现了浪清沙白的美丽风情。

厦门海漂垃圾转运。

福清市海上环卫工作全面铺开，对岸滩和近海海漂垃圾进行常态化治理。

连江县黄岐镇海上环卫工人在清理渔排内的海漂垃圾。

宁德城投蓝海海上环卫队成立以来，稳步推进海洋养殖综合整治和海漂垃圾整治工作。

连江县黄岐镇引入了专业的市场化保洁队伍对中心渔港及周边渔业养殖区进行海漂垃圾日收日清。

菌草技术：为“生态梦”而生

林占熺，“世界菌草之父”，毕生致力于菌草技术的研究，不仅帮助数以千万计的农民种菇脱贫，还在减少水土流失、保护生态环境等方面作出巨大贡献。林占熺将生态治理和科技扶贫结合起来，率领团队先后在福建、广西、重庆、云南、新疆，西藏、贵州等省和沿黄河九省区不同类型生态脆弱区，开展菌草生态治理和扶贫开发，尤其是在黄河流域的治理水土流失、治理荒漠化、治理石漠化、防沙固沙、改良盐碱地、治理砒砂岩、治理洪积扇、修复矿山等方面取得一系列重要突破，构建形成菌草生态治理与菌草综合开发利用有机结合的技术体系，17 项成果处国际首创和领先水平，被黄河水利委员会列为全流域推广项目，为我国和世界大江大河的菌草生态治理奠定了科学基础。

平潭流水镇流西风口种植巨菌草现场。

菌草助平潭降服风沙。

在长汀县崩岗种植菌草。

支援宁夏扶贫期间，林占熺在当地推广菌草栽培食用菇技术。

永泰打造农村人居“幸福地”

永泰县嵩口镇对古民居古庄寨进行节点改造，最大限度活化原貌古韵，让古镇显得越发精致漂亮，这些风光的背后少不了农村人居环境整治工作的贡献。

近年来，永泰县认真贯彻落实中央、省市关于农村人居环境整治提升工作部署，牢记习总书记“永泰要画好山水画”要求，坚持绿色发展理念和生态立县战略，因地制宜推广污水处理模式，引进社会化服务，构建村收集、乡转运、县处理的垃圾无害化处理机制。试点推广农村人居环境整治文明积分制，依托便利店、小卖部或在村部陆续设立“爱心公益超市”，通过不断创新机制，引进新技术，运用新办法，提升乡村治理效能，提高乡村清洁能力，凝聚乡村群众力量，促使农村整体风貌得到较大改善，乡村宜居水平再创新高，居民幸福感和获得感显著提升。

白杜村被称为风景旖旎、干净整洁、独具艺术家气质的“画家村”，这是永泰在改善人居环境这场“硬仗”中交出的靓丽答卷。图为白杜村茉莉花田。

月洲村充分挖掘乡村特色，结合丰富的生态资源，重点打造特色村落，接连获得“中国传统村落”“福建十大醉美村落”等荣誉称号。

洋中村以“一心、两翼”为建设思路，全力推进美丽乡村建设，如今的洋中村已经实现了“颜值”蜕变。

福州红庙岭为“森林式产业园”代言

20 世纪 90 年代初，福州提前谋划应对“垃圾围城”问题，时任福州市委书记习近平亲自选址红庙岭建设垃圾处理场。福州市传承接力，按照“国内一流，国际领先”的标准建设红庙岭循环经济生态产业园。经过 20 多年实践，福州摸索出体系化建设的思路，有规划、成体系、协同化建设产业园区，昔日臭气熏天的垃圾填埋场，已变成绿意盎然的生态公园。

上图：2018年红庙岭一期垃圾填埋场生态修复施工现场，杂草凌乱。下图：2020年生态修复后的生态公园一隅，满眼皆绿。

小记者参观红庙岭循环经济生态产业园。

红庙岭垃圾焚烧协同处置项目首次投烧垃圾成功。

开发保护

福建探索出一批既要百姓富、也要生态美的典型经验，让老百姓更加直接地得到生态文明建设带来的“绿色福利”。深入推进水土流失治理、矿山生态环境恢复治理、武夷山国家公园跨省生态共保，积极开展闽江流域山水林田湖草生态保护修复试点建设、闽江河口湿地综合保护与修复。全省依托森林资源，在全国首创“森林生态银行”“一元碳汇”等林业资源开发与保护模式，大力实施山水林田湖、海洋生态保护修复，全面提升自然生态系统的稳定性和功能性。创新发展海洋生态养殖，调整养殖布局，改造养殖设施，推动渔业转型升级。

水土流失治理的“长汀模式”

长汀曾是我国南方红壤区水土流失最严重的县份。2011 年、2012 年，时任中共中央政治局常委、中央书记处书记、国家副主席习近平对长汀水土流失治理工作两次作重要批示，强调长汀县水土流失治理正处在一个十分重要的节点，进则全胜，不进则退，应进一步加大支持力度，要总结长汀经验，推动全国水土流失治理工作。长汀把水土流失治理和生态文明建设作为政治使命和立县之本，坚持水土流失治理与发展经济并重，做好生态农业、生态林业、生态种养、生态旅游等文章，实行环保“一票否决”，严把项目“引进关”；加大技术创新、制度创新力度，推动科学治理。昔日的“火焰山”变成了如今的“花果山”。

昔日长汀县河田镇河田水土流失严重。

今日长汀县河田镇。

长汀县策武镇南坑村在荒山上遍植银杏，银杏树让成片荒山变成绿洲。

长汀县河田镇万亩良田。

长汀县汀江小流域景色。

国家公园的武夷山样本

2021 年 3 月，习近平总书记来闽考察调研，首站便走进武夷山国家公园。青山绿水间，谆谆嘱托："武夷山有着无与伦比的生态、人文资源，是中华民族的骄傲，最重要的还是保护好。"武夷山国家公园牢记嘱托，实行最为严格的生态保护措施，森林植被原真性、完整性得到加强，生物多样性更加丰富，生态环境质量稳中向好，基本形成了共商、共管、共建、共享的自然生态系统保护新格局，为国家在集体林区、重点旅游区域建立国家公园探索出"武夷山样本"。

山水林田湖构成武夷山国家公园和谐的山水画卷。图为玉女峰。

游客在武夷山国家公园九曲溪乘竹筏游览。

武夷山烟笼寒水。

闽江河口湿地蜕变新生

2002 年 4 月 29 日，时任福建省省长习近平在《八闽快讯》专报上作出重要批示："湿地保护是生态保护的一个重要内容，我省要建设生态省，必须重视对湿地的保护。"近年来，围绕生物多样性减少等突出问题，按"共生共荣、共治共理"原则，福建闽江河口湿地国家级自然保护区不断推进退养还湿、生态修复以及珍稀鸟类保护等工作。通过实施互花米草除治、本土植被恢复、生态鸟岛营造、保护区内养殖塘"退养还湿"等措施开展河口湿地生态修复。如今的闽江河口湿地，芦苇摇荡，绿水悠悠，常年驻留和越冬的水鸟超 5 万只，已经成为鸟儿栖息觅食的天堂。

闽江河口湿地"吉祥三宝"：勺嘴鹬、中华凤头燕鸥、黑脸琵鹭。

闽江河口湿地已经成为鸟儿栖息觅食的天堂。

中国十大魅力湿地——闽江河口湿地国家级自然保护区。

闽江河口湿地博物馆。

宁德奏响“海上田园”新乐章

宁德海域面积 4.45 万平方公里，海岸线 1046 公里，均占全省 1/3 左右。“开发三都澳”，承载着几代闽东人开发海洋、经略海洋、保护海洋的梦想。宁德市委、市政府深入践行习近平生态文明思想，牢记习近平总书记“要把三都澳规划好、开发好”的殷切嘱托，全面打响海上养殖综合整治攻坚战，通过清海大大提升养殖品质和效益，走出了一条依法养殖、科学养殖、环保养殖的路子，给出了绿水青山就是金山银山的“宁德答卷”。

宁德三都澳白基湾海域新型塑胶渔排养殖示范点。

在宁德蕉城区三都镇象溪海域上，渔民正在忙碌。

丰收啦！

在宁德市霞浦县北壁乡升级改造后的海上鲍鱼养殖区，渔民收获长势良好的鲍鱼。

紫金山打造矿山绿色梦

矿山生态恢复治理是许多资源型城市都会面对的一道难题，是这类城市生态文明建设的一项短板。龙岩市大力开展矿山综合整治，对紫金山矿区进行拉网式清查整治，关停区域内所有煤矿和污染企业，采取政府主导、市场运作、统一规划、分步实施的方式，推进体育休闲主题公园、体育综合会馆、全民健身中心、度假酒店等重点项目，建设城市运动主题居住公园。如今，一个美丽宜居、人与自然和谐的现代化幸福社区在紫金山绽放。紫金山公园这个全省首个市场化运作的矿区生态恢复治理项目，为国家生态文明试验区建设提供了更多可复制可推广的改革经验。

昔日废弃地，今朝变花园。

紫金山公园全景。

紫金山矿山公园今昔对比图。

连江建设“智慧海洋”

连江推行深远海机械化、智能化养殖和“网箱 + 海藻”生态化养殖模式，推动海洋养殖从近海区域向深远海区域转移。通过海底人工鱼礁投放、海面海藻养殖与网箱养殖共存，形成立体生态养殖环境。引进社会资本打造深远海养殖平台，“振鲍 1 号”“振渔 1 号”等高科技大型深远海养殖平台顺利投产，引导企业与海域周边的村委会合作经营，由村委会负责将养殖平台出租给渔民进行养殖生产，构建企业、集体、渔民三方有机融合、利益共享的发展机制。如今，这套“企业 + 项目 + 科技”的生态化保护机制已建起，连江养殖业迈出高质量发展的绿色新路。

连江大力发展海上养殖。

“定海湾1号”养殖平台。

工人在黄岐半岛人工海藻场项目一期海域作业。

连江县依托丰富的海洋渔业资源，持续开展海洋生态产品市场化改革试点。

连江筱埕镇水产品养殖水域。

龙岩走生态扶贫新路子

龙岩市武平县在县级层面设立护林站，乡镇一级设护林队长，实行护林员“乡（镇）政府、林业工作站监督，村委会管理，村聘、村用”模式，构筑全县森林资源管护立体防线。鼓励和引导农民发展林下种植、林下养殖、林下产品采集加工、森林景观利用等林下经济，通过培育示范户，引导带动广大林农从林下经济发展单一模式向多样化转变，已初步形成林药、林菌、林蜂、林禽、林驯、林游、林花、林茶、林蛙和林下产品采集加工等 10 种模式。武平探索林地保护与开发、生态与扶贫相结合的生态产业发展新路径，助力乡村振兴，成为可复制可推广的森林经营精品。

民主乡猴头菇丰收。

柑橘丰收，分拣装箱。

象洞鸡“飞”出了龙岩，“飞”向了全国各地，成为武平人发家致富的“金凤凰”。图为工作人员捡拾母鸡刚下的蛋。

武平县林下经济脱贫示范户王瑞保在管理基地蜂箱。

“森林生态银行”盘活“绿色不动产”

顺昌县国有林场百益工区杉木林下套种红豆杉示范片。

待砍伐的商品林，变身为清新福建的“绿色不动产”。福建省对重点生态区位商品林实行限伐政策，使林权所有者的处置权收益权受到一定影响，一边要保护，一边要发展，林农利益和生态效益如何兼顾？针对改革中遇到的各种矛盾问题，南平采取“两条腿”走路的方式。一是实施重点生态区位商品林赎买试点工作，对重点生态区位商品林和天然阔叶林实行先收储后改培，有力推动了森林质量精准提升项目顺利实施。二是成立“森林生态银行”，以林业资源运营有限公司作为主体，运用市场化运营手段，对山、水、林、田、湖、茶等自然资源进行管理、整合、转换、提升、开发、运营和保护。“森林生态银行”更好地帮助林农实现“富美双收”。

林下套种的灵芝长势喜人。

林下种植竹荪。

南平顺昌县开办全国首家森林生态银行。

建瓯市小松镇农民在林下喂养五黑鸡。

绿色发展

绿色，是经济发展的最亮底色。资源节约、环境友好、蓝天白云、青山绿水，这是人们对美好家园的共同定义。建设城市绿色慢道、生态廊道……绿色城市、绿色村镇、绿色企业、绿色社区，福建省正在编织一张巨大的“绿色网格”。

垃圾分类“厦门模式”全国领跑，绿色生活方式深入人心。加快推进“无废城市”建设，重视新污染治理，探索建设“无废社会”。走具有福建特色的乡村振兴之路，积极推进美丽城市、美丽乡村、美丽河湖、美丽海湾、美丽园区示范创建工作，打造高颜值美丽福建，让绿水青山永远成为福建的骄傲。坚持人与自然和谐共生，坚持绿色发展，在美丽福建建设中实现绿色富国、绿色惠民。

厦门垃圾分类创新路

作为全国垃圾分类46个重点城市之一，厦门自2016年开展生活垃圾分类工作以来，从顶层设计、立法管理、宣传教育、分类体系建设等方面入手，锻造出可复制可推广的垃圾分类“厦门模式”。厦门将节点与日常相结合，通过强化措施、攻坚克难、重点突破，建立起垃圾分类长效机制，目前已基本形成垃圾分类标准体系、基本确立法规制度体系、基本完善垃圾处理设施体系，城乡全面形成规范化、常态化的垃圾分类工作制度。同时采取积分兑换奖品、垃圾分类进学校、进机关、进社区宣讲等方式，让垃圾分类这一新兴的“美丽事业”更有持续动力。

厦门经济特区生活垃圾定时投放亭，垃圾分类投放点地面干净整洁。

垃圾分类督导员（右）指导市民进行分类投放。

厦门海沧区生活垃圾分类主题创意市集。

湖里实验小学的学生在讲解生活垃圾如何分类投放。

无废城市　水美光泽

多年来，南平市光泽县坚持走“生态立县”的发展战略，始终把生态文明建设作为“立县之基，立业之本”。全县积极做好“无废农业”“无废农村”“无废圣农”三篇文章，以机制创新突出重点，推进“无废城市”试点各项工作。积极探索各类固体废物源头减量、资源利用和无害化处置的技术路线、商业模式、体制机制等，努力总结形成一批全国无废城市建设的“光泽经验”，力争为全国同类城市提供一批可复制、可推广的固废处置和利用模式。

美丽新村——光泽县儒洲村全景。

光泽县桥湾村农民利用竹子边角料加工成粉末来种植食用菌类。

光泽县现代绿色农业产业——上屯优质稻种植基地紫云英种植项目。

凯圣电厂利用鸡粪燃烧发电。

燕子窠绿色发展伴茶香

2021 年 3 月，习近平总书记到福建考察调研时专程来到燕子窠，察看春茶长势，了解茶产业发展情况。他强调：“要统筹做好茶文化、茶产业、茶科技这篇大文章，坚持绿色发展方向，强化品牌意识，优化营销流通环境，打牢乡村振兴的产业基础。”如何做好“三茶”文章，做大做强茶产业？燕子窠生态茶园给出了令人满意的答案：建设生态茶园，提升茶叶品质，提高茶农收益，同时打造“沉浸式”观光旅游产业，发展茶旅融合新业态，走出乡村振兴的好路子。

燕子窠茶园花团锦簇。

众多游客前来燕子窠进行茶旅研学。

畲族群众穿着民族服装在生态茶园前跳舞。

参与武夷山寻茶之旅的爱茶人在星村镇仙凡岩茶厂体验采茶。

闽东乡村振兴绘新卷

福建宁德市秉承绿色发展理念，将生态资源作为后发赶超的重要优势，优化乡村生态空间，实施重要生态系统保护与修复工程，加强农村生态环境监管，打好蓝天、碧水、净土三大保卫战。以提质增效为核心，以规模化、标准化、品牌化、信息化、企业化为着力点，推进宁德水产、茶叶、食用菌、水果、蔬菜、中药材、畜牧、林竹花卉等八大农业特色产业和乡村旅游业“8+1”特色产业发展。

游客在霞浦三沙光影栈道漫步。

柘荣县乍洋乡丰收农业有限公司种植的有机创意彩稻。

受益于传统村落的保护开发，屏南古村吸引了越来越多的游客。

被誉为“中国最美葡萄沟”的福安市穆云畲族乡溪塔村，赤葡萄产业助推农民增收。

高山两村的幸福嬗变

1986 年和 1998 年，习近平同志在闽工作期间曾两度到厦门市同安区军营村和白交祠村访贫问苦，为高山乡村的发展方向作了明确指示并提出了“山上戴帽山下开发”“既要金山银山也要绿水青山”等绿色生态发展的重要理念。多年来，高山两村广大群众牢记嘱托，不仅走出了绿色产业脱贫的典型路子，更推进生态文明建设迈上新台阶。两村村民在山下和山坡种茶种果的同时，积极做好森林绿化。除茶产业外，还进一步开发休闲观光农业，丰富乡村旅游资源，带动村民转产增收。如今，在村党支部的带领下，这里的乡亲们正迎着新时代的阳光再接再厉、奋楫向前。

嬗变的乡村洋溢着孩子们幸福的笑声。

山峦叠翠、景美人和的高山两村，正成为厦门乃至全省、全国乡村振兴的鲜活样板。图为白交祠村。

白交祠村的樱花步道。

军营村的七彩池吸引了许多游客。

山上戴帽山下开发的高山茶。

人与自然和谐共生

党的十九大报告提出“坚持人与自然和谐共生”，并将其作为新时代坚持和发展中国特色社会主义的基本方略之一。这为科学把握、正确处理人与自然关系提供了基本遵循。随着生活水平持续提高，人民群众对美好生态环境的需求越来越强烈。坚持人与自然和谐共生，就是要坚持绿色发展，在美丽福建建设中实现绿色惠民。这是新时代拓宽惠民利民之道、增加民生福祉的重要举措。近年来，福建省以前所未有的力度推进生态文明建设，向人民交出一张可圈可点的“绿色答卷”。

村居依水而建，上万条鲤鱼游弋其中，“闻人声而来，见人影而聚”，人鱼和谐成为周宁鲤鱼溪一道独特的景观。

长汀县新桥生态漂流。

霞浦杨家溪的“绿野仙踪”。

金牛山森林福道让福州“会呼吸”，成为人们休闲健身、感受福州山水之美的好去处。

后　记

福建是习近平新时代中国特色社会主义思想的重要孕育地和实践地。习近平总书记在福建工作十七年半，领导和推动了福建改革开放和现代化建设事业，带领八闽儿女进行摆脱贫困的伟大实践。福建人民在全面建成小康社会进程中，以不获全胜决不收兵的坚韧意志，奋楫笃行、善作善成，创造了宝贵经验，取得了丰硕成果。

档案作为人类记忆的有效载体，是社会文明进步的重要见证。为记录和展现福建全面建成小康社会的伟大实践和光辉成就，根据中共福建省委宣传部统一部署，省档案局、省档案馆编纂出版《全面建成小康社会福建影像记》。本书收录700多幅新中国成立特别是党的十八大以来，福建人民在全面建成小康社会进程中努力探索、不断实践的图片，分序篇、经济篇、民生篇、文化篇、生态篇等五个篇章，通过小照片见证大变化，留住各行各业百姓奔小康的美丽瞬间。

省委宣传部高度重视“纪录小康工程”福建丛书编撰工作，组建工作专班，加强组织协调。省委常委、宣传部部长张彦主持召开专题会部署书稿编撰工作。省档案局、省档案馆第一时间成立《全面建成小康社会福建影像记》编委会，明确省委办公厅厅务会议成员、省档案局局长，省档案馆党组书记、馆长卓兆水为主任，省档案馆党组成员、副馆长黄建峰、马俊凡、游富明为副主任，陈建平、叶建强、周琴、纪峰、杨素萍、谢云、颜梓森、陈风、谢滨、张枫旻、陈忠德等同志为成员，加强谋划、统筹推进。本书由马俊凡同志任主编，纪峰、叶建强同志任副主编，陈惠芳、林崗、王琳婧、林晓艳、陈星、朱小荣、沈小乐同志负责内容编撰和图片收集，鲍日营、张磊同志负责编务工作。

《全面建成小康社会福建影像记》编撰过程中得到诸多专家学者的指导，特别是省委党史研究和地方志编纂办公室副主任王盛泽，省委党校（福建行政学院）马克思主义研究院院长、教授李海星提出审改意见。省委台港澳工作办公室、省发展和改革委员会、省科学技术厅、省生态环境厅、省水利厅、省农业农村厅、省文化和旅游厅、省林业局、省河长制办公室、省政府发展研究中心，厦门大学、福建通讯杂志社、国家菌草工程技术研究中心以及宁德市委宣传部、福州市档案馆、龙岩市文化和旅游局等单位也提供支持和帮助，在此一并表示感谢！

限于编者的学识和能力，不足之处敬请指正。

编　者

2022 年 6 月